FACULTÉ DE DROIT DE PARIS.

THÈSE

POUR LE DOCTORAT

SOUTENUE PAR

CLÉMENT DE ROYER

AVOCAT A LA COUR IMPÉRIALE

PARIS
TYPOGRAPHIE DE HENRI PLON
IMPRIMEUR DE L'EMPEREUR
RUE GARANCIÈRE, 8.

1870

FACULTÉ DE DROIT DE PARIS.

DU DROIT DE DISPOSER PAR TESTAMENT.

LÉGISLATIONS ANCIENNES, LÉGISLATION ROMAINE, LÉGISLATION FRANÇAISE.

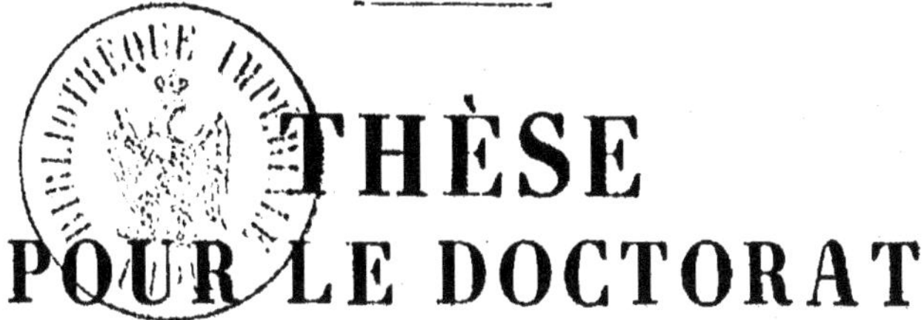

THÈSE POUR LE DOCTORAT

SOUTENUE

Le mercredi 20 juillet 1870, à midi

PAR

Clément DE ROYER

AVOCAT A LA COUR IMPÉRIALE DE PARIS

Président : M. CHARLES GIRAUD, professeur.

Suffragants : MM. Pellat, Colmet d'Aage, Bufnoir, professeurs ; Desjardins, agrégé.

PARIS

TYPOGRAPHIE DE HENRI PLON

IMPRIMEUR DE L'EMPEREUR

8, RUE GARANCIÈRE.

1870

A MON GRAND-PÈRE.

A MON PÈRE.

DU

DROIT DE DISPOSER PAR TESTAMENT.

LÉGISLATIONS ANCIENNES, LÉGISLATION ROMAINE,
LÉGISLATION FRANÇAISE.

CHAPITRE PREMIER.

DE L'ORIGINE ET DE LA LÉGITIMITÉ DU DROIT DE TESTER.

Aspirations et inclinations qui existent dans l'âme humaine. — Instinct du pouvoir et de la propriété. — Amour de la société et de la famille. — Préoccupation de l'avenir. — Faculté de disposer de ses biens. — Droit naturel. — Droit civil.

Les lois qui régissent les peuples n'ont de valeur et de force que si elles sont l'éclatante consécration de vérités éternelles et de principes immuables.

Privées de cette base, elles ne sont que les reflets fragiles et passagers de la volonté mobile et capricieuse de l'homme, et si la fantaisie d'hier les a créées, la fantaisie d'aujourd'hui peut les effacer et les anéantir. Pour qu'elles portent en elles cette vigueur qui leur fait traverser tous les temps et qui les maintient debout, fortes et respectées, au milieu des débris des sociétés et des civilisations, il faut qu'elles s'appuient sur une de ces idées fondamentales qui forment, pour ainsi dire, l'essence même de notre nature; il faut qu'elles répondent à un de ces sentiments, à une de ces aspirations, à un de ces besoins qui nous dominent et qui s'imposent impérieusement à notre raison. Aussi est-ce en étudiant l'âme de l'homme jusque dans ses profondeurs qu'on découvre le premier germe des législations humaines.

Et lorsqu'en écartant tous les voiles on a surpris cette cause première, on est étonné de voir combien tout s'explique et tout se simplifie. Guidé par cette féconde lumière, on suit à travers les âges le développement continuel, régulier, logique, de ce principe supérieur dont on a trouvé le secret, et l'on ne se laisse entraîner ni par les utopies ni par les erreurs.

En dehors de cette voie, il n'y a que le doute ou l'arbitraire : je veux éviter ces deux écueils; et avant d'examiner l'économie des lois qui, de tout temps, ont réglé le droit qu'a l'homme de disposer de ses biens par testament, j'ai tenu à chercher jusque dans la conscience humaine quelles sont les aspirations de notre esprit auxquelles ces lois donnent satisfaction, quels sont les principes supérieurs qu'elles consacrent.

A peine est-il jeté sur la terre que l'être humain sent naître en lui le besoin de dominer sur ce qui l'entoure, le désir de posséder ce qu'il tient, ce qu'il touche, ce qu'il voit. Il semble que ce soit là la première manifestation de notre volonté et de notre liberté. Enfants, avec quelle joie et quelle énergie nous serrons dans nos petites mains le jouet qu'on vient de nous donner; avec quelle inquiétude et quelle angoisse nous guettons celui qui s'en approche, avec quels cris et quels trépignements nous le redemandons quand on nous l'a pris, et que de larmes ne versons-nous pas pour nous faire rendre ce léger et insignifiant objet !

Sortons de cette sphère restreinte, suivons au delà des mers les navigateurs les plus hardis, pénétrons dans ces îles où la civilisation n'a pas encore porté son flambeau. Là nous trouvons des peuples sauvages qui sont les enfants de l'humanité : avec quels regards effrayés et défiants ils nous contemplent, avec quelle ardeur ils cachent les produits de leur chasse ou de leur pêche, avec quelle fureur jalouse ils nous disputent ce sol sur lequel nous abordons et où nous n'apportons cependant que des paroles d'amour et de paix !

Eh bien, dans la vieille Europe comme dans le nouveau monde, chez l'enfant comme chez le sauvage, c'est l'amour de la propriété qui s'affirme ainsi pour la première fois. On le voit paraître dans toute sa nudité : il est brutal, il est violent, il est passionné; mais, par cela même, son existence n'en est que plus certaine et plus visible.

L'enfant grandit, le sauvage se transforme, et cet instinct violent et jaloux s'adoucit peu à peu ; de brutal qu'il était, il devient calme et ferme, d'inconscient il devient raisonné; et le droit de propriété, défendu naguère par la force, est sanctionné et protégé par la loi.

En face de ces faits d'une observation si facile et si sûre, on se demande comment il peut se rencontrer des esprits assez abusés pour croire que le droit de propriété est une invention des législateurs ou le résultat de je ne sais quel contrat primitif passé entre je ne sais quels individus.

Le droit de propriété est un droit naturel dont le principe est en nous (1).

---

(1) Le Père Hyacinthe, première conférence de l'Avent, 1867, *De la société civile dans ses rapports avec la société domestique.*

« Il n'est point le résultat d'une convention humaine ou d'une loi positive. Il est dans la constitution même de notre être et dans nos différentes relations avec les objets qui nous environnent(1). »

En même temps qu'apparaît chez l'homme ce besoin de dominer, ce désir de posséder, on voit se dessiner en lui les premières lignes d'un sentiment plus noble et plus élevé. Le cœur humain, essentiellement sensible et impressionnable, cache en lui des trésors de sympathie et d'amour! Si l'on pénètre jusqu'en ses plus intimes replis, on voit les premières ébauches de ces affections diverses qui doivent se développer avec le temps, et l'on demeure convaincu que l'homme n'est pas fait pour la vie solitaire, et que Cicéron ne se trompait pas lorsqu'il écrivait, il y a deux mille ans : « Nemo in summâ solitudine vitam agere velit, ne cum » infinita quidem voluptatum abundantia (2) ».

« Il n'est pas un homme qui consentît à vivre dans une solitude complète, quand même il y serait entouré de plaisirs infinis. »

Aristote (3) et Platon (4) l'avaient dit avant lui, et ils avaient trouvé dans ce sentiment primitif, signe particulier de notre nature, la base et l'origine de la famille et de la société (5).

L'enfant qui se blottit dans les bras de sa mère, le vieillard aux cheveux blancs qui bénit ses fils et ses petits-fils, l'ami qui se dévoue pour son ami, le citoyen

---

(1) Portalis, Exposé des motifs du titre II, liv. II du Code civil.

(2) Cicéron, *De finibus*, liv. III.

(3) Aristote, *Politiq.*, I, 2.

(4) Platon, *Phèdre*. Le Banquet.

(5) Adolphe Garnier, *Traité des facultés de l'âme*, t. I, p. 230, 276, 279.

qui se sacrifie pour sa patrie, voilà la tradition de l'humanité, voilà les tableaux que nous trouvons chez les hordes les plus incultes aussi bien que chez les nations les plus civilisées! En présence d'un tel spectacle, nous avons bien le droit de dire que le besoin d'aimer est inné chez l'homme; que ces inclinations, de quelque source qu'elles émanent, sont profondément gravées dans son âme, et qu'une volonté supérieure les y a mises et les y retient.

« La Providence nous a donné des liens étendus » qui nous attachent à la société tout entière, et d'autres » plus étroits qui nous retiennent auprès d'un petit » nombre. La société et la famille ne viennent pas » l'une de l'autre; elles existent chacune à part..... » Elles ne périront ni l'une ni l'autre, parce qu'elles » sont toutes les deux fondées séparément sur la nature. » L'humanité n'est pas une plante qui ne tienne qu'à » une seule racine, ou un ruisseau sorti d'une seule » source; c'est un chêne robuste qui s'attache à la » terre par des millions de fibres entrelacées. C'est un » fleuve abondant sorti de mille origines et que le » nombre de ses affluents ne laissera jamais tarir (1). »

Ainsi la nature, qui nous conduit par la main et presque à notre insu dans les voies qui doivent nous être le plus salutaires, a jeté dans nos âmes l'étincelle féconde qui sera notre guide et notre salut. Elle a laissé descendre dans notre esprit ces notions précieuses que Platon, dans un poétique langage, appelait les réminiscences d'une vie antérieure.

Qu'on les nomme, avec les stoïciens, « des notions communes, des raisons séminales »; avec Descartes,

---

(1) Adolphe Garnier, *Traité des facultés de l'âme*, t. I, p. 291.

« des idées innées »; avec Reid, « les principes même du sens commun »; avec Kant, « les formes de la raison pure (1) », qu'importe! Ce qui est incontestable, c'est qu'il existe en nous « certaines idées qui ne procèdent » ni des objets extérieurs ni des déterminations de la » volonté (2) », et qui sont en quelque sorte dans l'âme elle-même (3).

Elles se manifestent extérieurement de mille manières et à tous les instants de la vie (4); mais jamais elles ne se laissent mieux deviner ni mieux apercevoir que dans ces deux inclinations primordiales : l'instinct du pouvoir et de la propriété, l'amour de la société et de la famille.

Travailler pour acquérir un bien qui lui appartienne en propre, fonder une famille pour la voir grandir devant lui, voilà les deux préoccupations incessantes de l'homme.

Et ce n'est pas là le résultat d'un froid calcul ou d'un égoïsme étroit; c'est la satisfaction de ses plus nobles instincts, c'est l'obéissance à la voix intérieure de sa conscience. Ces forces secrètes, qui ont leurs racines au fond du cœur, sont dominées par une pensée qui est sans cesse présente à notre esprit, et qui exerce sur toute notre vie une salutaire et continuelle influence. Cette pensée qui nous envahit et qui nous excite, qui est le mobile et l'aiguillon de toutes nos actions, c'est l'idée du lendemain, c'est l'espoir de l'avenir!

---

(1) Bénard, *Manuel de philosophie*, p. 163.

(2) Descartes, Réponse à Hobbes. (Bénard, p. 163 en note.)

(3) Aristote, *De anim.*, II, 5. — Cicéron, *De legibus*, I, 9; *De fin.*, V, 6, 21. — Quintilien, *Inst. orat.*, V, 10.

(4) Jouffroy, *Cours de droit naturel*, t. II, 30e leçon, p. 366.

Assurer à ses œuvres une durée qui dépasse les étroites limites de son existence mortelle, amasser pour sa maison un patrimoine de fortune et d'honneur qui lui survive et qui traverse les âges, voilà la préoccupation constante de l'homme pendant son passage sur cette terre.

Ce sentiment est si profondément enraciné en nous, il fait si véritablement partie intégrante de notre nature, que nous le découvrons chez ceux-là même qui n'ont pas autour d'eux, pour l'aviver sans cesse, des enfants appelés à recueillir un jour le fruit de leurs efforts!

Cicéron prétend que la Providence prouve ainsi, d'une manière évidente, l'immortelle destinée de notre âme. « Maximum vero argumentum est naturam ipsam de » immortalitate animorum tacitam judicare, quod om» nibus curæ sunt, et maximæ quidem, quæ post mor» tem futura sint. Serit arbores, quæ alteri sæculo pro» sint, ut ait Statius in Synephebis : quid spectans, nisi » etiam postera sæcula ad se pertinere? Ergo arbores » seret diligens agricola quarum adspiciet baccam ipse » nunquam? Vir magnus leges, instituta, rempublicam, » non seret? Quid procreatio liberorum, quid propagatio » nominis, quid adoptiones filiorum, quid testamentorum » diligentia, quid ipsa sepulcrorum monumenta, quid » elogia significant, nisi nos futura etiam cogitare?

» Nescio quomodo inhæret in mentibus quasi sæcu» lorum quoddam augurium futurorum; idque in » maximis ingeniis, altissimisque animis exsistit maxi» me, et apparet facillime. Quoquidem dempto, » quis tam esset amens, qui semper in laboribus et pe» riculis viveret? Loquor de principibus. Quid poetæ? » nonne post mortem nobilitari volunt? Unde ergo » illud?

Adspicite, o cives, senis Ennii imagini formam,
Hic vestrum panxit maxima facta patrum.

» Mercedem gloriæ flagitat ab iis, quorum patres affe-
» cerat gloria. Idemque,

Nemo me lacrymis decoret, nec funera fletu
Faxit. Cur? volito vivu per ora virum.

» Sed quid poetas? Opifices etiam post mortem » nobilitari volunt. Quid enim Phidias sui similem » speciem inclusit in clypeo Minervæ, cum inscribere » non liceret? Quid nostri philosophi? nonne in his li- » bris ipsis, quos scribunt de contemnenda gloria, sua » nomina inscribunt (1)? »

Le grand orateur romain revient souvent sur cette idée, et, le jour où il défend le poëte Archias, il s'écrie en plein forum :

« Trahimur omnes laudis studio et optimus quis- » que maxime gloria ducitur. Ipsi illi philosophi » etiam illis libellis quos de contemnenda gloria scri- » bunt nomen suum inscribunt; in eo ipso, in quo » prædicationem nobilitatemque despiciunt, prædicari » de se ac nominari volunt (2). »

Ce pressentiment des temps futurs, Bacon le signale et l'analyse à son tour : « Certe liberi labores huma- » nos suaviores, verum infortunia amariora, reddunt. » Curas vitæ multiplicant, sed memoriam mortis miti- » gant. Æternitas sobolis etiam brutis communis est; » sed illa memoriæ, meritorum et operum, propria est » hominibus. Atque videre sane est, opera nobilissima » et fundationes ab orbis profecta, quibus effigies ani-

(1) Cicéron, *Tusculanes*, liv. I, chap. XV.
(2) Cicéron, *Pro Archia*, chap. XI; *De amicitia*, n° 4.

» morum exhibere curæ erat, quum corporis imaginibus » destituerentur; adeo ut *posteritati maxime studeant, qui » posteritate carent. Qui honores in familiam suam primi » introducunt,* erga liberos indulgentissimi sunt; in- » tuentur siquidem eos, non tantum ut continuatio- » nem speciei suæ, sed ut rerum a se gestarum hære- » des, ideoque ut liberos et creaturas (1). »

Pascal, reprenant l'idée de Cicéron, la développe à son tour, et, dans une immortelle page, il montre l'homme altéré d'une soif insatiable de gloire et d'immortalité.

« Nous sommes si présomptueux que nous voudrions » être connus de toute la terre, et même des gens qui » viendront quand nous ne serons plus.....

» La vanité est si ancrée dans le cœur de l'homme, » qu'un soldat, un goujat, un cuisinier, un crocheteur, » se vante et veut avoir ses admirateurs, et les philo- » sophes même en veulent. Et ceux qui écrivent contre » veulent avoir la gloire d'avoir bien écrit, et ceux qui » le lisent veulent avoir la gloire de l'avoir lu; et moi » qui écris ceci, ai-je peut-être cette envie, et peut-être » ceux qui le liront.... (2). »

Pascal ne fait ressortir que l'ombre du tableau. Il en cache les fortes et vivantes couleurs. Mais s'il flétrit cette préoccupation de l'avenir dans ses excès, il reconnaît par là même l'existence de son principe dans nos âmes.

En présence de ces faits, en présence des données que fournit l'observation de chaque jour, on peut dire qu'ils

---

(1) Bacon, *Œuvres philosophiques*, t. III, p. 230; *Sermones fideles*, VII; *De parentibus et liberis*.

(2) Pascal, *Pensées*, chap. III, V, et III, p. 130 et 137.

sont bien rares ceux que le poëte moderne dépeint dans ces vers :

> **Ils vivent jour à jour et pensée à pensée.**
> **Aucune règle au fond de leurs vœux n'est tracée;**
> **Nul accord ne les tient dans ses proportions.**
> **Quand ils pensent une heure, au gré des passions,**
> **Rien de lointain ne vient de derrière leur vie**
> **Retentir dans l'idée à cette heure suivie,**
> **Et pour leur cœur terni, l'amour est sans douleurs,**
> **Le passé sans racine et l'avenir sans fleurs (1).**

L'indifférence de l'avenir n'est pas aussi répandue qu'on le croit, la vie au jour le jour n'est pas aussi fréquente (2) qu'on le suppose, et l'on peut, sans se hasarder, dire avec Massillon :

« La société universelle des hommes, les lois qui nous » unissent les uns aux autres, les devoirs les plus sa» crés et les plus inviolables de la vie civile, tout cela » n'est fondé que sur la certitude d'un avenir (3). »

Qui ne serait frappé de cet accord universel des nations (4)? Ne devons-nous pas y voir la preuve manifeste que l'Auteur de la nature a placé ce sentiment dans nos âmes, et qu'il est aussi impossible de l'en arracher que de nous priver de la pensée ou de la raison?

Ainsi, nous voyons se dessiner dans l'âme humaine, avant même qu'elle en ait conscience, l'instinct de la domination et de la propriété, le besoin de l'affection et de l'amour, la préoccupation de l'avenir et le pressentiment de l'immortalité. Ce sont des idées mai-

---

(1) Victor Hugo, *Chants du crépuscule*, xxxv; *Poésies*, t. II.
(2) Pascal, *Pensées*, chap. v, p. 162.
(3) Massillon, *Sermon sur la vérité d'un avenir*, p. 202.
(4) Frayssinous, *Déf. du Christianisme*, t. I, p. 230-231.

tresses; c'est sous leur impulsion que l'homme travaille pour acquérir, économise pour conserver, et distribue à son lit de mort, entre ceux qu'il aime, les fruits de son travail et de ses économies.

Voilà comment, par une suite nécessaire et logique, le principe même du droit de disposer de ses biens par testament découle de la combinaison de ces trois idées fondamentales. Nous le surprenons là dans son premier germe... Les lois humaines le féconderont; mais elles auraient été impuissantes à le produire. Car, pour emprunter les paroles d'un de nos grands maîtres : « La loi écrite n'est pas le fondement du droit, sinon » il n'y a de stabilité, ni dans le droit, ni dans la » loi elle-même. Au contraire, la loi écrite a son » fondement dans le droit qui lui préexiste, qu'elle » traduit et qu'elle consacre. Elle met la force à son » service, en échange du pouvoir moral qu'elle lui » emprunte (1). »

(1) Cousin, *Philos. sensualiste*, dix-huitième siècle, 6e leçon, p. 239.

CHAPITRE II.

LÉGISLATIONS ANCIENNES.

Palestine. — Les Patriarches. — Moïse. — Organisation de la tribu et de la famille. — Caractère de la propriété. — Année jubilaire. — Successions. — Partage des biens. — Droit d'aînesse.

La faculté de tester est la conséquence nécessaire de l'existence dans nos âmes des aspirations que nous avons décrites, et elle rentre ainsi dans le domaine du droit naturel; mais la détermination des formes par lesquelles se manifeste la volonté de l'homme, la fixation des limites dans lesquelles sa liberté se meut, dépendent essentiellement de la loi civile.

Négligeant de remonter jusqu'à cette source philosophique et confondant dans un même nom le droit de disposer et l'acte matériel qui le traduit, beaucoup d'auteurs ont soutenu que le droit de tester était une création de la loi positive, et que le législateur était le maître de l'établir ou de le supprimer.

Nous examinerons plus tard dans leurs développements ces doctrines diverses; mais dès à présent nous repoussons leur conclusion, qui nous semble contraire à la vérité philosophique aussi bien qu'aux observations de l'expérience et de la raison.

La loi civile, en traçant les formes par lesquelles s'expriment les dernières volontés de l'homme, peut-elle en restreindre la libre expression et l'enfermer dans des limites infranchissables?

C'est là un problème redoutable et difficile entre tous.

Il est redoutable, parce qu'il touche à la liberté individuelle de l'homme, à l'organisation de la famille et à l'ordre de la société.

Il est difficile, parce que, depuis l'origine du monde, les législateurs, les philosophes, les hommes d'État, l'ont successivement abordé et résolu, et que, de ce travail incessant et continuellement répété, est sorti un amas incroyable de lois, de doctrines et de systèmes.

C'est au sein de cette mine obscure que nous voudrions chercher la lumière, c'est en examinant ces lois, ces doctrines, ces systèmes, c'est en les comparant, en les discutant, c'est en suivant, pas à pas, la marche de l'humanité, que nous voudrions arriver à nous former une opinion sincère et définitive.

Le premier peuple que nous étudierons, c'est le peuple juif.

Il se présente à nous avec un double caractère.

Il est d'abord errant et pasteur avec les patriarches, avec Abraham, Isaac et Jacob. Il promène dans les riches plaines de l'Arménie une vie nomade sanctifiée par l'amour de Dieu et le respect de sa loi.

Et puis, retrempé dans le malheur et sortant des terres de Pharaon, dont il secoue les chaînes, il se fixe dans le pays de Chanaan et grandit, pendant de longs siècles, dans l'observation fidèle des commandements que le Seigneur lui a donnés.

Quand on essaie d'étudier l'histoire des peuples anciens, c'est souvent une rude tâche que de percer l'obscurité dans laquelle se cache leur premier âge, que de dissiper les ténèbres qui enveloppent leurs premiers pas. Il est bien difficile de faire exactement la part de la fiction, la part de la vérité, et d'apercevoir dans une pleine lumière l'état réel des mœurs et des institutions.

Il n'en est point ainsi pour le peuple hébreu : car la Bible nous présente, dans son ensemble, le tableau vivant et complet de la civilisation juive, dès son aurore.

C'est dans ces pages si poétiques à la fois et si claires, que l'on trouve le véridique récit de la vie des premiers hommes et qu'on voit se produire et se développer les principes qui deviendront plus tard la base même de leurs lois!

Ainsi, dès l'époque patriarcale, se dessinent l'amour paternel avec ses joies et avec ses douleurs, l'amour maternel avec ses tendresses et avec ses angoisses, l'amour filial avec ses trésors et avec ses devoirs. Ainsi s'affirment les droits imprescriptibles du père sur les biens de la famille, son autorité sur les enfants, sa puissance sur les serviteurs et sur les esclaves.

Abraham, déjà vieux, se lamente de n'avoir point d'héritier et dit au Seigneur, dans un sanglot : « Seigneur Dieu, que me donnerez-vous? Je mourrai sans enfants, et ce Damascus est le fils d'Éliézer, intendant de ma maison. Pour moi, vous ne m'avez point donné d'enfants : ainsi, le fils de mon serviteur sera mon héritier! »

Et le Seigneur lui répond :

« Celui-là ne sera point ton héritier, mais tu auras » pour héritier celui qui naîtra de toi (1). »

De ce dialogue rapide entre le patriarche et le Créateur, jaillissent deux idées :

L'idée de la libre disposition des biens,

L'idée de la perpétuité des familles et du devoir des pères de préférer leurs enfants à des étrangers.

---

(1) Genèse, chap. xv, v. 2, 3, 4; t. I.

Plus tard, quand le fils de sa vieillesse lui eut été donné, quand il sentit venir la fin de sa longue carrière, « Abraham, dit la Genèse, donna à Isaac tout ce » qu'il possédait. »

Comme il avait des enfants de ses autres femmes, mais que ces enfants n'étaient pas les fils de son légitime amour, « il leur fit des présents, et de son vivant » il les sépara de son fils Isaac, les faisant aller dans » le pays qui regarde l'Orient (1). »

Le monde est né d'hier, et déjà un abîme se creuse entre la famille légitime et la famille naturelle.

Telle était alors l'autorité du père de famille que l'on voit Isaac transmettre au plus jeune de ses fils et ses biens et ses droits.

« Que le Seigneur t'accorde la graisse de la terre et » la rosée du ciel, que le vin et le froment te soient » donnés en abondance; que les peuples te soient sou- » mis; que toutes les tribus te rendent hommage; sois » le maître de tes frères; que les enfants de ta mère » se prosternent devant toi; qu'il soit maudit celui qui » oserait te maudire; que celui qui te bénira reçoive » lui-même toutes les bénédictions du ciel (2). »

Les années s'écoulent, et l'heure de Jacob sonne à son tour; ses yeux s'étaient obscurcis dans la vieillesse, mais quand on lui dit : Voici tes fils qui viennent « le » vieillard recueillit ses forces; il s'agenouilla sur sa » couche et adora au chevet de son lit : « Adoravit » Israel Deum, conversus ad lectuli caput. » Puis, » quand il eut prié, rajeuni dans ce commerce avec » Jéhovah, le Dieu vivant et fort, il s'assit sur son lit,

---

(1) Genèse, chap. xxv, v. 5, 6, 7, 8; t. I.
(2) Genèse, chap. xxvii, v. 28 et 29.

» reposa les pieds sur le sol, et prenant les plus aimés
» dans ses bras, il embrassait Ephraïm et Manassé avant
» de les bénir...

» Dans l'expérience de sa vie entière, condensée
» pour cet acte suprême; dans la lumière prophétique
» qui l'éclaire et dont un rayon affaibli rejaillira plus
» tard sur les pères chrétiens, Jacob voit l'avenir de
» chacun de ses enfants et prend les mesures que ré-
» clame la prospérité de sa race. A travers les nuages
» qui couvrent ses yeux, de ce regard de l'âme qui
» perce tous les voiles, il fixe son aîné...

» Ruben, mon premier-né, tu devrais être ma force,
» tu as été le commencement de mes douleurs! tu t'es
» débordé comme l'eau : *effusus es sicut aqua;* tu ne
» croîtras point, *non crescas;* tu as souillé la maison de
» ton père, tu n'y peux plus garder l'empire!

» Mais toi, Juda, tes frères te loueront, les fils de
» ton père s'inclineront devant toi! Juda! que tes
» yeux sont beaux! Ils brillent comme le vin dans la
» coupe! Tes dents sont plus blanches que le lait! Lie
» ton poulain à la vigne, ô mon fils, attache ton âne
» au cep de la vendange, tu tremperas ta robe dans le
» vin : tu laveras ton manteau dans le sang des
» raisins (1)! »

Et se tournant vers Joseph : « Tu vois que je vais
» mourir. Dieu sera avec toi et il te ramènera au pays
» de tes pères. Je te donne de plus qu'à tes frères cette
» part de mon bien que j'ai gagnée sur les Amorrhéens
» avec mon épée et mon arc (2) ».

---

(1) Le Père Hyacinthe, *De la société civile dans ses rapports avec la société domestique*; Avent de 1868, 1re conférence.

(2) Genèse, chap. XLVIII, v. 21, 22, t. I.

Que de grandeur et que de simplicité !

Eh bien, reportons nos regards en arrière, résumons ce que nous venons de voir se produire : qu'y a-t-il au fond de ces coutumes et de ces usages? Quelles sont les règles, quelles sont les pensées qui les dominent et qui les inspirent?

Maître absolu de la terre qu'il possède, le patriarche est libre d'en disposer à son gré. Il n'existe pas de loi qui limite son pouvoir, et cependant il s'élève du fond de son cœur, du fond de sa conscience, une voix qui lui crie de remettre aux mains de ses fils l'héritage qu'il a reçu de ses pères, de respecter ces biens comme un dépôt sacré qui doit passer de génération en génération, sans se disperser et sans s'amoindrir. Tout ce qu'il a conquis « par son épée et par son arc », tout ce dont il a enrichi, par son travail, le domaine de ses ancêtres, qu'il le divise entre ses enfants au gré de ses préférences, qu'il donne, malgré le droit que l'aîné tient de la nature (1), la prééminence et l'autorité au plus jeune, s'il le juge plus digne de les exercer, mais qu'il conserve inviolable le patrimoine qui vient de ses ancêtres et qu'il le partage également entre ses fils !

Ainsi, cette liberté se crée à elle-même un cercle invisible dont elle ne veut pas sortir, et la Bible nous montre le patriarche obéissant à la voix secrète de sa conscience et de sa raison !

Prenons le texte même de l'Écriture et écartons-en les formes allégoriques : n'y a-t-il pas là les premiers vestiges de l'exhérédation, du droit d'aînesse et de la réserve? N'y a-t-il pas là une ébauche certaine et visible des principes qui se graveront plus tard sur les tables de la loi?

---

(1) Genèse, chap. XLVIII, v. 2, 20.

Un homme devait se rencontrer qui, conduit par la main de Dieu, aurait l'insigne gloire d'arracher à la servitude les descendants de Jacob, de les ramener dans le pays de leur origine et de jeter les fondements immortels des premières lois qui aient régi les peuples.

Pendant quatre cent trente ans (1) les Hébreux avaient gémi dans l'esclavage, et ce serait en vain qu'on chercherait quels avaient été, pendant ces longs jours d'épreuve, leurs usages et leurs coutumes.

Sortis d'Égypte, ils ne recommencent pas l'existence nomade que les patriarches avaient menée. Le temps n'est plus des familles isolées. Les mœurs agricoles succèdent aux mœurs pastorales. Six mille enfants d'Israël suivent Moïse au désert, et c'est ce peuple qui lui demande d'organiser et de régler sa vie.

Moïse cherche avant tout à établir entre les tribus une égalité sérieuse. Il veut éviter l'enrichissement des uns aux dépens des autres, et maintenir entre les fortunes un juste et réel équilibre.

A l'époque patriarcale déjà, le domaine patrimonial était considéré comme un dépôt de Dieu dont chaque génération jouissait à son tour et qui ne devait jamais passer en des mains étrangères. Moïse applique cette idée : chaque famille doit posséder, à toujours, la terre qui lui a été accordée. Sans doute il ne lui est pas interdit de l'aliéner; mais l'aliénation qui est permise ne peut être que temporaire.

« Les maisons et les terres ne pouvaient s'aliéner que » pour un laps de quarante-neuf ans. Après cela, elles

(1) Exode, chap. XII, v. 42 et 43. — Josèphe, liv. II, chap. XV, § 2. — Marquis de Pastoret, *Histoire de la Législation*, t. III, p. 60.

» retournaient à l'ancien possesseur ou à ses héritiers. » Cette singulière disposition avait pour but de prévenir la ruine des familles et la trop grande inégalité » des fortunes, sans empêcher toutefois le mouvement » nécessaire du commerce et de l'industrie.

« L'homme riche achetait de l'homme malheureux ou coupable tout ou partie de son patrimoine. Il en jouissait un demi-siècle. Mais le fils ou le petit-fils du propriétaire dépouillé conservait dans son cœur l'espérance de se rasseoir sous le toit et sous l'arbre de ses aïeux (1). »

C'est que le Seigneur avait dit à son serviteur :

« Au bout de sept fois sept années, qui forment quarante-neuf ans, le dixième jour du septième mois, » temps de la fête d'expiation, on sonnera du cor dans » toute la terre d'Israël, et on sanctifiera la cinquantième année, qui est l'année jubilaire.

» La liberté sera rendue à ceux d'entre vous qui » l'avaient aliénée; chacun rentrera dans ses anciennes » possessions et retournera à sa première famille (2).

» Et, l'année du jubilé, tous rentreront dans les pays » qu'ils avaient possédés. Quand vous vendrez quelque » chose à un de vos concitoyens, ou que vous achèterez de lui quelque chose, n'attristez point votre frère, » mais achetez de lui à proportion des années qui se » seront écoulées depuis le jubilé.

» Et il vous vendra à proportion de ce qui reste de » temps pour en recueillir le revenu.

» Plus il restera d'années d'un jubilé jusqu'à un

---

(1) Lacordaire, *Confér. de Notre-Dame,* t. II, p. 311.

(2) Lévitique, chap. xxv, v. 8, 13.

» autre, plus le prix de la chose augmentera ; car celui » qui vous vend, vous vend le temps de ses fruits. La » terre ne se vendra point à perpétuité, parce qu'elle est » à moi et que vous êtes comme des étrangers à qui je » la loue.

» C'est pourquoi tout le fonds que vous posséderez » se vendra toujours sous condition de rachat.

» Si votre frère étant devenu pauvre vend le petit » héritage qu'il possédait, et s'il ne peut point trouver » de quoi rendre le prix de son bien, celui qui l'aura » acheté en demeurera en possession jusqu'à l'année » du jubilé, car cette année-là tout bien vendu retour- » nera au propriétaire qui l'avait possédé d'abord.

» Ayez des esclaves et des servantes des nations qui » sont autour de vous. Vous aurez aussi pour esclaves » les étrangers qui sont venus parmi vous. Vous les » laisserez à votre postérité et vous en serez les maîtres » pour toujours (1). »

Le premier peuple s'établissait, et déjà la question sociale était née et l'on essayait de la résoudre.

La loi de Moïse, en établissant l'année jubilaire, arrêtait en réalité la circulation des biens. Car que peut être une propriété qui dure quinze, vingt, trente ans, et qui doit nécessairement, fatalement, revenir aux mains de celui qui l'a vendue, de celui qui l'a donnée ou de ses descendants?

Ces entraves mises à la libre disposition ne sont pas les seules. La distribution de l'hérédité est sévèrement réglée.

« Les filles de Salphaad se présentèrent à Moïse, à

---

(1) Lévitique, chap. XXV, v. 10, 12, 14, 15, 16, 23, 24, 25, 28, 44, 45, 46. Bible, t. I, p. 234, 235, 236.

» Éléazar, grand prêtre, et à tous les princes du peu-
» ple, à l'entrée du tabernacle de l'alliance, et elles
» dirent :

» Notre père est mort dans le désert : il n'avait point
» eu de part à la sédition qui fut excitée par Coré con-
» tre le Seigneur; mais il est mort dans son péché
» comme les autres et n'a point eu d'*enfants mâles.*
» Pourquoi donc son nom périrait-il de sa famille parce
» qu'il n'a point eu de fils? Donnez-nous un héritage
» entre les parents de notre père.

» Moïse rapporta leur demande au jugement du Sei-
» gneur, qui lui dit :

« Les filles de Salphaad demandent une chose juste.
» Donnez-leur des terres à posséder entre les parents
» de leur père, et qu'elles lui succèdent comme ses
» héritières.

» Et voici ce que vous direz aux enfants d'Israël :

» Lorsqu'un homme sera mort sans avoir de fils, son
» bien passera à sa fille, qui en héritera.

» S'il n'a point de fille, il aura ses frères pour héri-
» tiers.

» S'il n'a pas même de frères, vous donnerez sa suc-
» cession au frère de son père.

» Et s'il n'a point non plus d'oncles paternels, sa suc-
» cession sera donnée à ses plus proches parents (1). »

Ainsi s'organise l'hérédité : tout est prévu, tout est réglé, et le moule est coulé d'avance dans lequel tous les actes de l'homme viendront prendre leur forme définitive.

Ces lois sont à peine formulées qu'on les applique.

---

(1) Nombres, chap. XXVII, v. 1 à 11; t. I, p. 303, 304.

« Les princes des familles de Galaad vinrent parler à » Moïse, et lui dirent :

« Le Seigneur nous a ordonné de donner aux filles » de Salphaad, notre frère, l'héritage qui était dû à » leur père. Si elles épousent maintenant des hommes » d'une autre tribu, leur bien les suivra, et étant trans- » féré à une autre tribu, il sera retranché de l'héritage » qui nous appartient.

» Ainsi il arrivera que lorsque l'année du jubilé, c'est- » à-dire la cinquantième, qui est celle de la remise de » toute chose, sera venue, les partages qui avaient été » faits par le sort seront confondus, et le bien des uns » passera aux autres.

» Moïse leur répondit :

» Voici la loi qui a été établie par le Seigneur sur le » sujet des filles de Salphaad. Elles se marieront à qui » elles voudront, pourvu que ce soit à des hommes de » leur tribu, afin que l'héritage des enfants d'Israël ne » se confonde point en passant d'une tribu à une autre, » car tous les hommes prendront des femmes de leur » tribu et de leur famille. Et toutes les femmes pren- » dront des maris de leur tribu, afin que les mêmes » héritages demeurent toujours dans les familles (1). »

Dans ces paroles se manifeste et s'explique le principe sur lequel repose l'établissement de l'année jubilaire.

A l'époque patriarcale, le père de famille, dans l'expression d'une libre volonté, pouvait donner les avantages de l'aînesse à celui de ses fils qu'il préférait.

Moïse lui enlève ce droit :

---

(1) Nombres, chap. XXXVI, v. 1 à 9; t. I, p. 322, 323.

« Si un homme a deux femmes dont il aime l'une et » n'aime pas l'autre, et que le fils de celle qu'il aime » ne soit pas l'aîné; lorsqu'il voudra partager son bien » entre ses enfants, il ne pourra pas faire son aîné le » fils de celle qu'il aime, ni le préférer au fils de celle » qu'il n'aime pas. Mais il reconnaîtra pour l'aîné le fils » de celle qu'il n'aime pas et lui donnera une double » portion dans tout ce qu'il possède, parce que c'est » lui qui est le premier de ses enfants, et que le droit » d'aînesse lui est dû (1). »

Il est sévèrement défendu de violer l'ordre des successions établi par la loi. Le père n'a pas le droit d'exhéréder son fils. L'institution d'un autre comme héritier, l'exhérédation formelle du fils ne produisent aucun effet, si le père privant un de ses héritiers légitimes de sa succession, ne laisse aux autres la portion de celui-ci (2).

Quand Moïse a quitté la terre, Josué applique strictement sa loi et maintient les principes qu'il a posés.

« Caleb parla de cette sorte à Josué : « Moïse m'a » juré et m'a dit : La terre où votre pied a marché » sera votre héritage et l'héritage de vos enfants pour » jamais, parce que vous avez suivi le Seigneur mon » Dieu. Josué bénit donc Caleb et lui donna Hébron » pour son héritage, et depuis ce temps-là Hébron a » été à Caleb fils de Jéphoné Cénégéen, jusqu'aujour- » d'hui, parce qu'il suivit le Seigneur Dieu d'Israël (3). »

Neuf cents ans plus tard, pendant la captivité de

---

(1) Deutéronome, t. I, p. 368, chap. XXI, § 15, 16, 17.
(2) Nombres, chap. XXVII. — Selden, *Des succ.*, chap. XXV, p. 161.
(3) Josué, chap. XIV, v. 6, 9, 13, 14; t. I, p. 425.

Babylone, les mêmes règles s'appliquent encore. Car voici ce que dit le Seigneur Dieu :

« Si le prince fait quelque don à l'un de ses fils, ce » don lui demeurera en héritage, à lui et à ses enfants, » qui le posséderont par droit de succession. Mais s'il » fait un legs de son bien propre à l'un de ses servi- » teurs, il ne lui appartiendra que jusqu'à l'année du » jubilé, et alors il retournera au prince et la propriété » en appartiendra à ses enfants. Le prince ne prendra » rien par violence de l'héritage du peuple ni de ses » biens; mais il donnera de son bien propre un héri- » tage à ses enfants, afin que son peuple ne soit point » chassé et dépouillé de ce qu'il possède légitime- » ment (1). »

De tous ces textes, il ressort clairement que le droit de tester n'existait pas sous la loi de Moïse.

Nous sommes loin des testaments d'Abraham, d'Isaac et de Jacob. La liberté du père est restreinte dans l'intérêt de l'enfant, dans l'intérêt de l'égalité, de la force, de la durée des familles.

Sans doute on est péniblement surpris de voir l'indépendance de l'homme enfermée dans des limites si étroites; mais il ne faut pas oublier que, dans le Décalogue, c'est le Seigneur dans sa toute-puissance qui parle à son peuple et lui trace sa voie, et que Moïse n'est que l'interprète de cette volonté supérieure.

Quatre mille ans se sont écoulés depuis la mort de Moïse, et pendant cette immense période, les peuples ont succédé aux peuples, les législations aux législations.

L'œuvre de la civilisation et du progrès s'est lente-

(1) Ezéchiel, chap. XLVI, v. 16, 17, 18; t. IV, p. 244.

ment et continuellement accomplie. L'esprit humain a travaillé sans relâche; il a pénétré les secrets de la science, et s'est élevé jusqu'aux sources vives de la philosophie et de l'histoire. Il a rempli le monde de ses hardiesses et de ses victoires.

Et cependant, après tant de travaux, tant d'efforts et tant de triomphes, il est encore obligé de s'avouer petit et de s'incliner, plein de respect et d'admiration, devant ce gigantesque monument enfanté sur un coin du globe, au lendemain même de la création.

Le peuple hébreu a reçu la loi de Moïse dès sa naissance, et c'est la seule qu'il ait jamais reçue.

Il a eu des jours d'égarement, des jours de malheur et de captivité. Depuis dix-huit cents ans, il est dispersé aux quatre coins de la terre, et cependant cette loi est toujours vivante pour lui. « Les siècles en ont respecté l'invulnérable airain (1) », et l'on peut dire avec Pascal :

« En considérant cette inconstante et bizarre variété » de mœurs et de croyances dans les divers temps, je » trouve en un coin du monde un peuple particulier, » séparé de tous les autres peuples de la terre, le plus » ancien de tous, et dont les histoires précèdent de » plusieurs siècles les plus anciennes que nous ayons. » Je trouve donc ce peuple grand et nombreux, sorti » d'un seul homme qui adore un seul Dieu, et qui se » conduit par une loi qu'ils disent tenir de sa main.....

» La rencontre de ce peuple m'étonne et me semble » digne de l'attention. Je considère cette loi, qu'ils se » vantent tenir de Dieu, et je la trouve admirable.

(1) Lacordaire, *Conf. de Notre-Dame*, t. II, p. 311.

» C'est la première loi de toutes, et de telle sorte qu'a-
» vant même que le mot loi fût en usage parmi les
» Grecs, il y avait près de mille ans qu'ils l'avaient
» reçue et observée sans interruption. Aussi je trouve
» étrange que la première loi du monde se rencontre
» aussi la plus parfaite, en sorte que les plus grands
» législateurs en ont emprunté les leurs (1). »

En face d'une telle œuvre, on se demande ce qu'on doit le plus admirer, de la fidélité perpétuelle des Hébreux à la loi du Sinaï ou du génie supérieur de l'homme qui s'est trouvé assez fort pour asseoir à jamais tout un peuple et pour poser les bases éternelles des institutions et des lois de l'avenir!

---

(1) Pascal, *Pensées*, chap. xv, § 1. — De Ségur, *Hist. anc.*, t. I, p. 10. — Lacordaire, *Conf. de Notre-Dame*, t. II. — Marquis de Pastoret, *Hist. de la Législ.*, t. IV, p. 396, 397.

CHAPITRE III.

LÉGISLATIONS ANCIENNES.

Empire d'Assyrie. — Ninive et Babylone. — État social. — Organisation de la famille. — Inde et Chine : état social. — Lois de Manou. — Castes. — Système héréditaire. — Droit d'aînesse. — Égypte. — Division des personnes. — Lois sur les biens. — Hérédité des professions. — Testaments. — Fixité de la législation égyptienne.

Pendant que le peuple hébreu se fondait, autour de lui, dans les pays voisins, s'établissaient aussi des nations qui devaient avoir leurs jours de grandeur et de gloire, mais qui portaient dans leurs flancs les germes de leur décadence et de leur dissolution. Ninive et Babylone allaient remplir un instant le monde du bruit de leur splendeur, mais leur force éphémère devait se briser dans des abîmes de corruption et de scandale.

La tradition ne nous rapporte rien de précis sur les institutions des Assyriens et des Babyloniens. Les historiens (1) se complaisent dans le récit des exploits guerriers, des travaux gigantesques entrepris par les princes qui ont conduit ces peuples; mais ils négligent l'examen de leur organisation sociale. Quelles étaient leurs lois civiles, quelles règles présidaient aux actes de leur vie, c'est ce qu'il est bien difficile d'apercevoir aujourd'hui.

Je ne m'arrêterai pas à rechercher si, comme le disent Alexandre Polyhistor et Bérose, un certain Oan-

(1) Hérodote, Justin, etc.

nès, moitié homme, moitié poisson, donna le premier des lois aux Assyriens (1). Je ne tenterai pas de pénétrer jusqu'à ces origines fabuleuses, et je laisserai ces temps éloignés aux ténèbres qui les enveloppent.

Mais me plaçant au moment le plus brillant de l'empire d'Assyrie, au lendemain des règnes de Ninus, de Sémiramis, de Ninias, lorsque Ninive et Babylone se disputent le sceptre de la splendeur et de la prospérité, j'essaierai de pénétrer jusqu'au cœur même de ce peuple, et de découvrir le mystère de sa vie.

En haut, c'est un pouvoir absolu qui s'exerce sans contrôle et sans frein sur la personne, sur la famille, sur les biens des sujets (2).

La volonté du prince est la seule loi de l'État. Le peuple s'incline et se prosterne devant la statue du tyran déifié (3).

Plus bas, ce sont des satrapes et des mages, exécuteurs dociles des ordres irrévocables du roi (4).

Et plus bas enfin, c'est le peuple qui courbe la tête sous le joug et qui finit par aimer son esclavage et s'y

---

(1) *Chronographie du Syncelle*, p. 28. — Marquis de Pastoret, *Histoire de la Législation*, t. I, p. 54, 104.

(2) Daniel, ch. II, v. 5 et 13; ch. V, v. 19. — Tobie, ch. I, v. 21. — Jérémie, ch. XXIX, v. 22. — Xénophon, *Cyrop.*, liv. IV, § 6, p. 257; liv. V, p. 283. — *IV Reg.*, ch. XXV, v. 7, 2. — *Paral.*, ch. XXXVI, v. 17. — Jérémie, ch. XXXIX, v. 6; ch. LII, v. 10. — Daniel, ch. III, v. 6, 11, 15, 19, 21. — Josèphe, *Antiq. judaïques*, liv. VIII, § 5; liv. X, ch. VIII, § 5. — Daniel, ch. XIV, v. 21 et 41; ch. I, v. 10. — Marquis de Pastoret, *Histoire de la Législation*, t. I, p. 114.

(3) Judith, ch. XI, v. 1 et 5. — Daniel, ch. III, v. 98; ch. VI, v. 25; ch. III. v. 1 et suiv. — Judith, ch. III, v. 13; ch. V, v. 29; ch. VI, v. 2. — Lucien, *Déesse de Syrie*, t. III, p. 482.

(4) Esther, ch. III et IV, p. 2. — Daniel, ch. VI, v. 1 et 2. — Perizonius, ch. VI, p. 102 et 123. — Judith, ch. II, v. 1 et 7.

complaire (1). La polygamie est en honneur (2). Le polythéisme s'affiche (3). Le respect de la pudeur et de la vertu n'existe pas. Les temples des dieux deviennent le théâtre des plus infâmes débauches (4). La superstition et la magie achèvent de démoraliser et d'avilir les caractères.

Sous ce régime théocratique et despotique, quelle place pouvait-il y avoir pour la vie de famille, pour les sentiments d'intime affection et de mutuel dévouement? Quelle pouvait être l'autorité d'un père de famille qui n'avait de droits ni sur ses biens, ni sur ses enfants, ni sur lui-même? Quelle était la liberté d'un homme que la loi condamnait à exercer la profession de ses ancêtres, au mépris de ses besoins et de ses aspirations (5)?

Dans l'origine, sans doute, avant que les principes éternels du droit naturel eussent été complétement oblitérés, des lois avaient dû prévoir et régler toutes les relations de famille, et s'occuper des modes d'acquérir et de transmettre la propriété. Mais ce temps avait été de courte durée; le pouvoir s'était concentré entre les mains d'un seul, et c'est en vain alors qu'on chercherait des institutions qui, transportant aux pères la puissance que les princes s'étaient arrogée, eussent été la condamnation écrite du régime établi. Ce régime ne tarde pas à porter ses fruits.

---

(1) Marquis de Pastoret, *Histoire de la Législation*, t. I, p. 180 et suiv.

(2) *Athénée*, ch. xii, § 7.

(3) Hérodote, ch. i, § 181. — Diodore, ch. ii, § 9. — Macrobe, *Saturn.*, 1, ch. xxiii. — Daniel, xiv, v. 22.

(4) Quinte-Curce, ch. v, § 1. — Hérodote, ch. i, § 196, 199. — Strabon, ch. xvi, p. 745. — Lucien, *Déesse syrienne*, t. III, p. 454.

(5) Marquis de Pastoret, *Histoire de la Législation*, t. I, p. 71.

Les forces vives de la nation s'amollissent, et la puissance assyrienne, qui a commencé par les victoires de Ninus et par les prodiges de Sémiramis, vient misérablement périr sur le bûcher de Sardanapale et dans la salle de festin de Balthazar!

Chez les Perses, qui, sous la conduite de Cyrus, renversent l'empire d'Assyrie, nous trouvons des institutions presque semblables à celles qui régissaient les peuples dont ils ont triomphé.

Comme à Babylone, comme à Ninive, c'est la volonté, c'est le caprice du monarque qui domine et qui dirige tout (1).

Seulement le caractère des Perses est plus ferme, plus vigoureux, moins prompt à s'amollir et à s'énerver. Leur vie est mieux ordonnée et mieux réglée.

La polygamie existe (2); mais elle trouve une sorte de contre-poids dans le pouvoir sévère que la loi donne au mari, et dans les droits qu'elle réserve à la postérité légitime.

L'éducation des enfants est un sujet de préoccupation pour le législateur, et la puissance absolue du père, consacrée par la loi, quelque excessive et quelque exagérée qu'elle puisse paraître, est une garantie de l'unité et de la force des familles (3).

---

(1) Hérodote, ch. III, § 31, 127, 128, 130, 160; ch. IV, § 84; ch. V, § 11 et 23; ch. VII, § 39. — Cornélius Népos, *Vie de Miltiade*, § 3; *Vie de Thémistocle*. § 10. — Thucydide, ch. I, § 138. — Justin., liv. V, ch. XI. — Platon, *Premier Alcibiade*, t. II, p. 123. — Sénèque, *De ira*, liv. III, ch. XVI et XVII. — *Athénée*, ch. XII, § 3. — Esther, liv. VII, ch. VIII, XVI, v. 24. — Daniel. ch. VI, v. 24, 25, 26.

(2) Hérodote, ch. III, § 1, 31, 69, 88; ch. VII, § 2 et 124. — Marquis de Pastoret, *Histoire de la Législation*, t. IX, p. 404 et suiv.

(3) Hérodote, ch. I, § 136. — Strabon, ch. XV, p. 733. — Valère

Découvrir exactement les principes qui réglaient la distribution de l'hérédité et qui limitaient les droits du disposant est impossible. Car il ne reste sur ce point aucun texte spécial; mais, en cherchant bien dans les auteurs, on aperçoit certains faits qui permettent de reconstruire à peu près l'édifice dont on a perdu les bases.

Ainsi, quand on voit que les parents avaient le droit d'exhéréder leurs fils ou leurs filles qui se mariaient sans leur consentement (1), que le mari pouvait constituer un douaire à sa femme (2), que l'aîné des fils légitimes succédait au trône (Cyrus mourant rappelle à ses fils, comme un usage antique, cette préférence) (3), qu'entre les mains du père était réunie une autorité sans bornes sur ses enfants;

Quand on sait d'autre part que les familles nombreuses étaient en honneur aussi bien aux yeux de la loi civile qu'aux yeux de la loi religieuse, et que c'était une gloire de conserver et de cultiver les champs paternels (4), on est nécessairement amené à conclure que

---

Maxime, liv. II, ch. VI. — Aristote, *Morale*, liv. VIII, ch. IX. — Xénophon, *Cyropédie, passim*. — Marquis de Pastoret, *Histoire de la Législation*, t. IX, p. 447, 513, 517. — Platon, *le Premier Alcibiade*, t. V, p. 70.

(1) Strabon, ch. XV, p. 733. — *Zend-Avesta*, t. II, p. 603. — Arried, ch. VII, § 4. — Marquis de Pastoret, *Histoire de la Législation*, t. IX, p. 400.

(2) *Zend-Avesta*, p. 560. — Marquis de Pastoret, *Histoire de la Législation*, t. IX, p. 400.

(3) Xénophon, *Cyropédie*, liv. VIII, t. II, ch. VII, p. 422. — Marquis de Pastoret, p. 402.

(4) Hérodote, liv. I, § 136. — Élien, *Histoires diverses*, liv. VI, ch. XIV. — Marquis de Pastoret, p. 515. — Saintespès-Lescot, *Donations et testaments*, introduction, t. I. — Xénophon, *OEconomiques*, V, p. 828.

l'hérédité, que le testament, quelles que fussent d'ailleurs leurs formes et leurs limites, existaient chez les Perses au moment où Cyrus les menait à la conquête du monde.

Toutes les lois (1) dont Xénophon nous parle avec tant de complaisance ont-elles réellement existé, ou ne devons-nous voir dans ses récits que les caprices d'une imagination généreuse et, pour ainsi dire, le programme d'un gouvernement idéal?

Le tableau que Xénophon nous présente est singulièrement embelli, et le roman, dans son livre, tient plus de place que l'histoire. Mais ce qui est incontestable, c'est que les Perses, qui habitaient sous un climat froid, qui se livraient sans cesse aux travaux des champs, aux exercices violents de la chasse et de la guerre, avaient conservé, jusqu'au règne de Cyrus, un courage et une énergie qui, dirigés par un prince habile, devaient les rendre facilement maîtres de peuples engourdis dans les vices et dans la mollesse.

Cette vigueur sauvage, qui fut le secret de leur triomphe, s'effaça malheureusement trop vite; le faste et le luxe firent leur œuvre. L'exemple de Babylone et de Ninive fut contagieux. Le despotisme s'affirma et ne connut plus de bornes (2). Les lois restèrent ignorées ou méconnues et tombèrent bientôt dans l'oubli. Les règnes de Cambyse, de Darius, de Xerxès, introduisant les habitudes d'abaissement et de servilité jusque dans les camps, mirent le comble et conduisirent lentement

(1) Lois sur le mensonge, les dettes, les emprunts. — Lois sur l'ingratitude, sur l'inconvenance des discours, sur les repas, sur la tenue que l'on doit avoir en public. — Plutarque, *Du prêt à usure*, t. II, p. 820. — Hérodote, liv. III, § 72; liv. I, § 138; liv. I, § 71. — Xénophon, *Cyropédie*, liv. VIII, p. 240. — Marquis de Pastoret, t. IX, p. 450.

(2) Eschbach, *Introduction à l'étude du droit*, p. 455.

l'empire des Perses de la grandeur à la corruption, et de la corruption à la ruine.

L'abaissement politique et social, le mépris de la personnalité et de l'indépendance humaine, l'oubli du droit privé, nous apparaissent plus visibles encore, avec leurs conséquences nécessaires, si nos regards se portent vers les régions qui s'étendent au delà du Gange. Là se trouvent d'immenses pays qui ont soulevé les convoitises de Cyrus, d'Alexandre, de la Grèce et de Rome; là vivent des peuplades innombrables rivées aux chaînes de la superstition et de l'erreur. Leur caractère est tout spécial, leurs habitudes sont étranges. Ces hommes évitent d'entrer en relation avec les peuples voisins. Ils cherchent l'isolement et le mystère; ils sont à la fois civilisés et sauvages. Ils savent ce dont leurs voisins n'ont pas le premier indice et ignorent ce que les autres savent depuis des siècles.

A côté de merveilles inouïes de science et d'adresse, apparaissent d'incroyables exemples d'impéritie et de naïveté. Dans ces premiers siècles du monde, c'est déjà une race à part, qui vit et qui vivra de sa vie propre, qui fuit et qui fuira le commerce des autres nations. Elle pourra bien céder un jour à la force, courbée sous le joug des conquérants; mais elle ne prendra jamais ni les mœurs, ni les goûts, ni les lois de ses vainqueurs!

Les anciens auteurs de la Grèce et de Rome n'apercevaient l'Inde et la Chine qu'à travers le prisme trompeur de ténébreuses fables; c'était pour eux soit un vaste désert (1), soit le pays de l'encens et de la myrrhe (2).

(1) Hérodote, ch. IV, p. 40. — (2) Horace, Ovide.

C'était la région enchantée où Bacchus étendait son empire, où Phébus laissait reposer ses coursiers, et des siècles ont passé avant que le mystère des institutions de ces peuples ait été découvert (1).

Dans l'Inde, comme partout ailleurs, une première période s'est écoulée, pendant laquelle la coutume et la tradition ont seules régi les actes de la vie.

La loi de Manou marque le commencement de la seconde période; c'est l'application de la loi écrite; c'est la consécration des principes de la législation et de la morale (2).

En parcourant les nombreux livres de ce code primitif, on arrive à se faire une idée de ce que devait être, dans l'origine, la société indienne, et à dégager les grandes lignes de la civilisation orientale.

La population est partagée en sept classes : les Brahmanes, les Kchatryas, les Vaisyas, les Soudras, les Parias, les Étrangers et les Esclaves; la succession de ces classes forme une vaste hiérarchie sociale (3).

Ces castes diverses descendent de Brahma, l'Être suprême, et sont séparées les unes des autres par des abîmes.

L'influence des idées religieuses domine toute la vie indienne. Elle se fait sentir, à chaque pas, dans les lois qui règlent l'organisation de la famille et les divers modes d'établissement ou de transmission de la propriété.

« La famille est considérée comme un être de raison

(1) Hésiode, Homère; Virgile, *Géorgiq.*, liv. IV, v. 293.

(2) Mgr Meignan, *le Monde et l'Homme primitif selon la Bible*, p. 306.

(3) Manava, Dharma, Sastra, *passim*.

» où les individus s'effacent pour faire place à l'institu- » tion elle-même, qui se perpétue par toutes sortes de » moyens, car elle ne doit jamais périr (1). »

De cette durée dépend l'éternel bonheur des ancêtres.

Le père de famille ne peut rien faire qui entrave cette loi de perpétuité.

Simple dépositaire des biens que ses ancêtres lui ont transmis, il doit à son tour les transmettre à ses fils, qui continueront d'accomplir les sacrifices funéraires exigés par la loi. Le fils aîné recueille cet héritage, et la loi de Manou énumère tous les privilèges qui découlent pour lui de cette faveur (2).

Les biens sont meubles ou immeubles.

Le père est libre d'aliéner ses meubles; mais ses immeubles patrimoniaux et ceux qui lui échoient par succession sont communs à ses fils et à lui. Il ne peut en disposer sans leur consentement, et cette indivision qui existe entre le père et les enfants se continue après la mort de l'auteur commun entre ses enfants et les enfants de ses enfants. Car « la propriété ne naît ni du » partage ni du décès, elle est préexistante et a son » origine dans la naissance (3). »

Quant aux biens que le chef de famille acquiert par sa propre industrie, il peut d'avance les partager entre sa femme et ses fils.

La loi règle minutieusement les successions et établit un système héréditaire très-compliqué (4).

---

(1) Eschbach, *Législation des Hindous*, p. 592, introduction.
(2) *Lois de Manou*, ch. IX, p. 104, 115.
(3) Eschbach, p. 590.
(4) Eschbach, *Introduction à l'étude du droit*, p. 605, 607.

A défaut de tout héritier nommé par la loi, la succession revient à la caste dont le défunt faisait partie.

Dans aucun des textes de la loi de Manou il n'est question de testament. On y voit énumérer les donations, les héritages, les échanges et les ventes; mais la faculté de tester est absolument passée sous silence. Doit-on supposer, avec quelques auteurs, que le testament était tout à fait inconnu à ces peuples? Doit-on dire, avec d'autres, que la faculté de disposer était entière et libre et admettre comme une preuve de cette liberté les recommandations fréquentes par lesquelles le législateur engage les castes inférieures à faire des aumônes et des fondations en faveur des brahmanes (1)?

Ces deux opinions sont trop absolues.

D'abord il n'est pas possible de croire que le droit de tester soit resté inconnu à un peuple. Ensuite il est encore moins possible de dire que la faculté de disposer n'a reçu aucune limite, quand le texte de la loi de Manou enlève au père la libre disposition de ses immeubles patrimoniaux (2).

Dans cette étude de l'ancienne législation de l'Inde, un fait me frappe, c'est la ressemblance des préceptes de la loi de Manou avec les règles de la loi de Moïse; et, dans ce fait, je trouve l'éclatante confirmation de la doctrine que je soutiens sur la base fondamentale du droit de tester. Ainsi, voici deux peuples essentiellement distincts, qui n'ont ni les mêmes mœurs, ni les mêmes goûts, ni la même religion. Ici, c'est l'inégalité dans la servitude et dans l'abaissement; là,

---

(1) Saintespès-Lescot, *Donations et testaments*, introduction, p. 23 et 24.

(2) Eschbach, p. 605.

c'est l'égalité dans la force et dans la liberté; et cependant, dans l'Inde comme dans la Judée, les législateurs ont établi des règles semblables. Le but cherché, c'est la perpétuité de la famille; le moyen employé, c'est l'inaliénabilité des biens patrimoniaux. Et pour arriver à ce but par ce moyen, le législateur se charge de régler la transmission des biens. Il fixe l'hérédité. Il donne au fils aîné un droit supérieur à celui de ses frères, et il supprime, dans l'intérêt de l'avenir de la famille et de la nation, la liberté du père; tant il est vrai que la nature de l'homme porte en elle-même des aspirations et des idées qui sont indépendantes des races, des climats et des civilisations.

Chez les peuples qui ont primitivement habité la Chine, nous voyons les vestiges d'une législation presque semblable à celle de l'Inde.

Les anciens ne connaissaient pas mieux la Chine qu'ils ne connaissaient l'Inde, et la civilisation de ce vaste empire s'est développée loin du regard et des investigations des contemporains. Hérodote dit qu'au delà de l'Inde il n'y a qu'un vaste désert que personne ne peut décrire (1).

Il ressort cependant de découvertes modernes que l'influence religieuse était prépondérante en Chine, que le culte des ancêtres était en honneur, qu'on adorait Bouddha et Lao-Tseu, et que la superstition intervenait à chaque instant dans les actes de la vie.

Le gouvernement était despotique. Les professions se transmettaient héréditairement. La puissance pater-

(1) Hérodote, ch. IV, 40.

nelle était absolue et le droit d'aînesse était reconnu et consacré.

Tels sont les faits qui semblent certains. Mais ces données ne suffisent pas pour tracer exactement les limites qui pouvaient enserrer la faculté de disposer de ses biens; nous ne connaissons rien des lois qui réglaient cette partie du droit. En l'absence complète de documents, toute affirmation serait téméraire, toute conjecture serait dangereuse, et je n'insisterai pas davantage sur des institutions qui devaient du reste présenter une analogie presque absolue avec celles qui régissaient la société indienne.

L'Orient naissait à peine à la civilisation, l'Occident était encore plongé dans la barbarie, et déjà sur les bords du Nil un État puissant était établi. Il avait un culte, des lois, des institutions. Il remontait aux premiers âges du monde et était, à la fois, le foyer des sciences, des arts et de la philosophie.

Il était dans sa grandeur et dans sa force au temps de Jacob et de Joseph, et il présentait déjà le « magnifique spectacle d'un peuple qui triomphe de l'engourdissement universel par la seule force de son génie (1). »

Dès les temps les plus anciens, c'était un roi qui gouvernait l'Égypte, et ce roi avait entre les mains un pouvoir absolu et illimité sur les personnes et sur les choses.

Les personnes étaient divisées en castes.

---

(1) Marquis de Pastoret, *Histoire de la Législation*, t. II, p. 404.

Diodore, Strabon et Platon ne sont pas d'accord sur le nombre de ces castes. L'un parle de cinq, l'autre de trois, le troisième de six. Mais tous trois constatent que l'influence sacerdotale était prépondérante, et que la caste des prêtres avait une grande autorité et une grande puissance (1).

Longtemps, conservant avec un soin jaloux le secret de leurs découvertes et de leur science, les prêtres dominèrent l'Égypte et tinrent les rois eux-mêmes courbés sous leur volonté. Longtemps la coutume et la tradition, dont ils se considéraient comme les dépositaires sacrés, furent les seules lois du pays, et le peuple entier s'inclina devant elles (2). Avec les années, cette théocratie savamment et fortement organisée perdit de son prestige, et le pouvoir royal s'y substitua peu à peu. Menès fut le premier roi qui donna à l'Égypte un code de lois écrites. Après lui, les dynasties succédèrent aux dynasties; on vit tour à tour des règnes brillants et des règnes obscurs, des princes pacifiques et des rois guerriers; mais quelque fréquents, quelque profonds qu'aient pu être ces changements, de Menès à Sésostris, de Sésostris à Ptolémée, les institutions de l'Égypte restent fixes et immuables. C'est là ce qui a fait dire à Bossuet : « Parmi de si bonnes lois, ce qu'il » y avait de meilleur, c'est que tout le monde était » nourri dans l'esprit de les observer. Une coutume » nouvelle était un prodige en Égypte; tout s'y faisait » toujours de même, et l'exactitude qu'on y avait à

---

(1) Diodore, ch. I, § 47, 49, 50, 62. — Genèse, ch. XLI, v. 40, 44. — Exode, ch. X, v. 28. — Hérodote, ch. II, § 141, 162, 181. — Tite-Live, ch. XXIII, § 10. — Pline, ch. XXVI, § 1.

(2) Platon, *Des lois*, liv. II et VII.

» garder les petites choses maintenait les grandes. » Aussi n'y eut-il jamais de peuple qui ait conservé » plus longtemps ses usages et ses lois (1). »

Il y avait à cette fixité deux causes :

La première, c'est que la nation égyptienne était essentiellement superstitieuse et avait pour l'œuvre des générations précédentes un respect qui s'accroissait chaque jour et devenait, avec le temps, un véritable culte. La seconde, c'est qu'elle vécut presque toujours asservie et qu'elle ne perdit jamais complétement cette insouciance et cette mollesse orientales qui excluent les résolutions énergiques et les entreprises audacieuses.

D'ailleurs, à en juger par ce qui nous est parvenu, les lois de l'Égypte valaient mieux que son gouvernement. Elles reposaient, du moins, sur des idées élevées et sur des principes philosophiques ou religieux.

La puissance paternelle était fortement établie (2). Elle trouvait un adoucissement dans les mœurs. A côté des droits du père de famille, on traçait ses devoirs. Les enfants étaient soumis à de sérieuses obligations vis-à-vis de ceux qui leur avaient donné le jour (3).

---

(1) Bossuet, *Discours sur l'histoire universelle*, 3e partie, ch. III, p. 418. — Genèse, ch. XLVII, v. 11. — Diodore, ch. I, § 67. — Hérodote, ch. II, § 154. — Plutarque, *Banquet des sept sages*, t. I, § 408. — Isocrate, *Panégyrique de Busiris*. — Aristote, *Polit.*, V, ch. II. — Voltaire, *Essai sur les mœurs*, introduction, t. XVI, p. 124. — Diodore, ch. I, § 74. — Strabon, ch. XVII, p. 787. — Platon, *Timée*. — Marquis de Pastoret, *Histoire de la Législation*, t. II, p. 486, 92, 93, 94.

(2) Diodore, ch. I, § 80.

(3) Diodore, ch. I, § 80. — Strabon, liv. XVII, p. 823. — Hérodote, ch. II, § 35.

Il y avait là une sorte de réciprocité qui devait resserrer les liens de la famille.

Les professions étaient héréditaires, et cette hérédité contribuait encore à tracer d'une manière plus tranchée la ligne de démarcation qui existait entre les différentes castes (1).

Le roi, les prêtres, les guerriers étaient seuls propriétaires de la terre. Le reste du peuple ne pouvait posséder aucune partie du sol. Il ne le cultivait qu'à titre de fermier (2).

En présence de l'hérédité des professions, de l'inaliénabilité des terres, de l'impossibilité de les faire sortir des castes auxquelles elles appartenaient de droit (3), la législation sur les modes d'acquérir ou de transmettre la propriété était peu compliquée. La vocation à l'hérédité était tracée d'avance. Pouvait-il être question du droit de tester?

On peut se demander comment il aurait pu s'appliquer, et cependant on a découvert des papyrus qui contiennent les formules et la teneur de testaments égyptiens, et certains auteurs affirment que les lois de Solon ne sont que le reflet de la législation égyptienne (4).

En face de ces découvertes et de ces allégations, il est impossible de soutenir que le droit de disposer de ses biens par testament n'a pas existé en Égypte; mais

---

(1) Marquis de Pastoret, t. II, p. 137. — Eschbach, *Introduction à l'étude du droit*, p. 400.

(2) Diodore, ch. I, § 21, 73. — Genèse, ch. XLVIII, v. 22. — Hérodote, ch. II, § 37. — Saintespès-Lescot, *Donations et testaments*, t. I, p. 30, introd.

(3) Marquis de Pastoret, *Histoire de la Législation*, t. II, p. 478.

(4) Letronne, *Inscript. de l'Égypte*. — Hase, *Journal des Savants*, 1848.

on peut bien dire, après avoir examiné ces lois restrictives sur la propriété et sur l'état des personnes, que ce droit ne devait s'exercer que d'une manière très-restreinte et dans des circonstances très-rares, à moins qu'il ne vînt purement et simplement sanctionner l'ordre de succession établi par la loi.

Il y avait ainsi, par la force des choses, une sorte de main morte générale, et la circulation des biens était presque entièrement supprimée (1).

La législation de l'Égypte, dont je viens de tracer les grandes lignes, datait des premiers siècles du monde. Elle se maintint inviolée pendant seize cents ans, à travers les événements les plus extraordinaires et les vicissitudes les plus diverses, et nous la retrouverons encore debout au moment de la conquête romaine (2).

J'ai parcouru le premier cercle que je m'étais tracé. J'ai successivement examiné, dans leurs origines et dans leurs développements, les lois des peuples primitifs, et, si je n'ai pas toujours cité les textes mêmes de ces lois, j'espère du moins avoir fait saisir quel était leur esprit, quelles étaient leurs tendances. J'ai abordé cette étude rétrospective de civilisations aujourd'hui évanouies depuis des siècles, non pas seulement dans le but de faire voir quelles avaient été les institutions de ces antiques périodes relativement au sujet que je traite, et de suivre la marche de la législation à travers tous les âges; mais

(1) Genèse, ch. XLVII, v. 10, 21, 20 et 20. — Hérodote, ch. II, p. 100. — Diodore, ch. I, § 21, 73. — Marquis de Pastoret, *Histoire de la Législation*, t. II, p. 400.

(2) Bossuet, *Discours sur l'histoire universelle*, 3e partie, ch. III, p. 430, 437.

encore et surtout, afin d'apporter une nouvelle force à la doctrine que j'exposais aux premières pages de ce travail, en montrant que l'étude des faits donne la plus éclatante confirmation aux vérités de la philosophie. Quelle était en effet la question que je me posais, en commençant cet examen? Je me demandais si le droit de tester trouvait sa source dans le droit naturel ou dans le droit civil; si c'était dans la région supérieure des principes primordiaux qu'il fallait en aller chercher le germe, ou si c'était dans la volonté toute mobile et toute passagère des législateurs et des hommes d'État. La philosophie m'avait fourni une réponse claire et précise. Elle ne me suffisait pas, et j'ai voulu rechercher si les faits étaient d'accord avec les principes, et si la tradition de l'humanité venait confirmer ce que je croyais être la vérité.

A l'heure qu'il est, et pour ce qui touche à la première période de l'histoire du monde, je puis affirmer que je ne me suis pas trompé. Les prescriptions législatives que je viens de passer en revue sont une consécration évidente du système que je soutiens.

Oui, partout et toujours, en Palestine, en Perse, en Assyrie, dans l'Inde, dans la Chine, en Égypte, le testament a existé, et le droit de disposer de ses biens par acte de dernière volonté était né bien avant tous les codes, bien avant toutes les lois.

Le soin même que les législateurs ont mis à le restreindre ou à le supprimer, dans l'intérêt de l'organisation politique et sociale de leurs pays, prouve, mieux que tout, qu'il n'était pas la création de leur esprit ou de leur imagination.

J'ai montré dans quelles limites ils avaient renfermé l'exercice de ce droit. J'ajoute que ces restrictions n'ont rien qui m'étonne ni qui me surprenne. Elles sont la conséquence nécessaire du système politique de ces empires. Il serait insensé de rechercher dans les législations orientales la proclamation de principes qui ont pour base essentielle la reconnaissance de la liberté de l'homme.

L'idée de sa liberté et le pressentiment de ses droits existent chez l'individu, quelque sauvage et quelque inculte qu'il puisse être, mais il n'en a pas la formule et il n'en comprend pas la portée. Ce serait donc folie de demander l'expression de ces droits aux premières législations des peuples. Mais ce serait folie plus grande encore de soutenir qu'ils n'existaient pas parce qu'ils ne sont pas inscrits dans les lois.

Plus tard, quand la civilisation aura fait son œuvre, quand la philosophie aura éclairé les esprits de ses lumineux rayons, on verra réapparaître, avec des formules claires et précises, ces grandes vérités un instant obscurcies, et elles s'imposeront d'elles-mêmes aux législateurs des nations.

CHAPITRE IV.

LÉGISLATION GRECQUE.

Grèce. — Tendances des sociétés occidentales. — Sparte. — Lois de Lycurgue. — Caractère de la législation dorienne et spartiate. — Athènes. — Dracon. — Épiménide. — Lois de Solon. — Successions légitimes et testamentaires. — Durée de la loi de Solon. — Platon. — Aristote. — Isocrate.

Les sociétés orientales, dont je viens de passer les lois en revue, ont pour unique base le principe d'autorité. Toutes, sauf peut-être la société hébraïque à ses premiers jours, sont des monarchies absolues, et dans ces monarchies, la puissance du prince s'exerce sans contre-poids et sans contrôle et aboutit à la forme la plus complète du despotisme. C'est là le dernier mot de la civilisation de l'Asie antique.

Et, comme les institutions politiques des peuples ont une influence nécessaire sur les lois civiles, tous les législateurs de ces grands empires ne tiennent aucun compte des droits de l'individu. Ils suppriment son initiative et sa liberté, et il règne en Asie, dit Montesquieu, un esprit de servitude.

C'est là le caractère spécial et indélébile de ce groupe de peuples dont les rameaux se sont étendus depuis les bords du Nil jusqu'aux confins de la Chine (1).

Un étroit bras de mer sépare l'Europe de l'Asie, et

---

(1) Bossuet, *Discours sur l'histoire universelle*, 3e partie, ch. v, p. 452 et suiv. — Montesquieu, *Esprit des lois*, t. I, liv. VI, ch. I, p. 145. — Prévost-Paradol, *Essai sur l'histoire universelle*, t. I, p. 85 et suiv.

cependant le spectacle qui se présente à nos yeux est essentiellement différent, et cette différence se traduit, non pas seulement dans les prescriptions positives de la loi, mais surtout dans l'esprit général qui domine les institutions des peuples du continent. On se plaît à saisir, à l'origine même des sociétés européennes, l'influence des principes d'indépendance et de liberté. Ils auront à traverser bien des vicissitudes. Ils s'éclipseront par moments : mais ils ont marqué de leur sceau les législations de l'Occident, et ils finiront toujours par y prévaloir. Les efforts des hommes d'État de la Grèce et de Rome consisteront, non pas à faire remonter à une source unique tout le pouvoir et toutes les forces vives des nations, mais à combiner, dans une équitable et féconde harmonie, les droits de l'État, les droits de la famille et les droits de l'individu. Sans doute, il y aura pendant longtemps des ombres au tableau, il y aura des tâtonnements, des hésitations, des erreurs; mais l'activité, la personnalité, la dignité de l'homme et du citoyen seront reconnues, protégées, défendues, et le temps fera le reste (1).

Le génie tout spécial des races de l'Europe se manifeste d'abord dans les institutions et dans les lois primitives de la Grèce; et l'on a bien le droit de dire avec Jouffroy « que ce fut là que prit définitivement racine, » au milieu de l'humanité, cet arbre de la civilisation » qui devait, à la longue, couvrir la terre de son » feuillage (2). »

(1) Montesquieu, *Esprit des lois*, liv. XVII, ch. II.—Ozanam, *Civilisation au cinquième siècle*, t. I, p. 30. — Jouffroy, *Mélanges philosophiques. Du rôle de la Grèce*, p. 64.

(2) Jouffroy, *Mélanges philosophiques*, p. 57; *Le Globe*, 16 juin 1827.

« La Grèce, dit M. Ampère, fut le plus éclatant théâ-
» tre du développement de l'humanité. C'est plaisir, en
» sortant des profondeurs mystérieuses de l'Orient,
» d'aborder à cette ingénieuse terre de Grèce, et de sa-
» luer dans ses mœurs et dans ses lois l'aurore de la
» liberté (1). »

Après une première période d'existence fabuleuse et barbare, deux villes s'élèvent qui vont se partager la suprématie dans la Grèce. Ces deux villes, fondées par des races distinctes, sont régies par des constitutions essentiellement différentes et présentent le spectacle de sociétés reposant sur des bases diamétralement opposées. L'état politique de ces cités réagit sur leur état social, et leurs lois civiles n'ont entre elles aucune ressemblance.

A Sparte, c'est une loi énergique, fondée sur l'autorité des dieux, imposée par la force et qui a pour but d'établir une égalité absolue entre tous les citoyens. Elle répond, du reste, aux habitudes et aux mœurs des Doriens, et on peut retrouver en Crète les éléments mêmes qui la constituent (2). Voulant, à tout prix, supprimer entre ses concitoyens l'inégalité qu'il croyait être la cause de leurs discordes, Lycurgue divise les terres en parts égales et les distribue aux Laconiens et aux Spartiates (3). Les Laconiens ne cultivent les champs qu'on leur donne qu'à titre de fermiers et moyennant une redevance annuelle. Les Spartiates sont pleins et incommutables propriétaires de la terre qui leur est assignée.

---

(1) Ampère, *La Grèce, Rome et Dante*, p. 303.

(2) Prévost-Paradol, *Histoire universelle*, t. I, p. 118, 119.

(3) Ampère, *La Grèce, Rome et Dante*, p. 305. — Duruy, *Histoire de la Grèce ancienne*, t. I, p. 122, 123.

Ils ne peuvent ni la diminuer ni l'agrandir; toute aliénation est formellement interdite. Après eux, leur lot passe à leur fils aîné ou à leur fille, s'ils n'ont pas d'enfants mâles, et cette transmission s'opère indépendamment de leur volonté et par la seule force de la loi. Le droit de disposer de ses biens par donation ou par testament n'existe pas.

Les lois de Sparte trouvaient en France, il n'y a pas encore bien longtemps, d'éloquents admirateurs. Elles n'en trouvent plus guère aujourd'hui. Cette législation inflexible, contraire à la nature humaine, qui met en commun les femmes, les enfants et les biens, et qui entraîne bientôt Sparte à sa ruine, ne nous apparaît plus que comme l'expérience malheureuse d'un système qui ne repose ni sur la logique ni sur la raison, que comme l'application excessive et désastreuse du principe d'égalité, qui n'a de féconds résultats qu'à la condition de s'appuyer sur la liberté. L'influence des mœurs doriennes est pour beaucoup dans l'erreur de Lycurgue, et, considérée à ce point de vue, la constitution qu'il a donnée à Sparte ne présente plus, au même degré, le caractère exagéré et anormal qui choque au premier abord.

« La constitution de Sparte, dit M. Ampère, était » fondée sur l'exagération du principe commun à toutes » les autres constitutions doriennes. Ce principe était » l'ordre.... La société, selon les idées et les mœurs » doriennes, n'était pas une collection d'individus indé» pendants et isolés, mais une agglomération compacte » de citoyens serrés en faisceau par un lien religieux, » nul n'ayant d'existence personnelle, chacun vivant » de la vie de tous et se perdant pour ainsi dire dans » l'État. Tel était pour les Doriens l'idéal du gouverne-

» ment, l'idéal qu'ils cherchèrent à réaliser partout où » ils s'établirent, en Crète, à Corinthe, en Sicile. C'est » là ce que voulut Lycurgue; il le voulut avec excès. » Dominé par l'idée de l'ordre dorien, du *cosmos*, il » ne tint pas compte des sentiments de l'individu et de » la famille, il les immola l'un et l'autre à la chose » publique. Il ne laissa vivre que celui qui pouvait la » servir, et à la condition de la servir sans cesse. Il » subordonna tout à ce devoir, qui était à ses yeux la » fin même de la politique. Il n'abandonna rien à la » fantaisie particulière : ni les banquets, ni les vête- » ments, ni même les rapports intimes des époux. Il » ne ménagea aucun des sentiments les plus chers au » cœur humain, aucun des instincts les plus impérieux » de notre nature : tout cela était aux yeux du législateur dorien un égoïsme qu'il fallait mettre en poussière, et cette poussière pouvait seule être le ciment » de l'État. Que lui faisaient la pudeur des vierges, » l'amour des maris, la tendresse des fils ? Il voulut » qu'on n'eût qu'une mère, Sparte; qu'une famille, » Sparte; qu'une amante et une femme, Sparte. Il » voulut abîmer les individualités dans cette unité » puissante, et il parvint à son but. Il y parvint, parce » que l'idée dont il poursuivait l'accomplissement était » une idée dorienne et qu'il avait affaire à une population dorienne. Sa loi était comme ces tyrans populaires auxquels la multitude obéit parce que leur despotisme sert ses penchants. » (1).

Il est des idées et des principes contre lesquels toute entreprise est vaine. On peut les faire plier sous une règle de fer; on peut les étouffer pendant un temps;

(1) Ampère, *La Grèce, Rome et Dante*, p. 399, 400, 401.

mais quelque dure, quelque sévère que soit une législation, elle ne sera jamais de force à les anéantir, et le jour viendra où ils se relèveront plus forts et plus vivaces que jamais. Les lois de Lycurgue froissaient les affections de l'homme dans ce qu'elles ont de plus intime et de plus respectable. Elles avaient pour but de supprimer tous les liens de famille, toutes les influences extérieures, tout ce qui fait le bonheur et la joie de la vie, afin de concentrer sur l'État toutes les pensées et toutes les forces des citoyens. Elles pouvaient engendrer des héros; mais elles ne créaient pas des hommes, et les sentiments de la nature qu'elles avaient méconnus, se réveillant tout à coup, devaient faire voler en éclats toute cette discipline artificielle.

Lycurgue, substituant le pouvoir de l'État à la puissance paternelle, avait enlevé au chef de famille le droit de disposer de ses biens. Mais il avait compté sans le voisinage d'Athènes, sans les relations de Sparte avec les villes voisines, sans l'enrichissement produit par les conquêtes de ses concitoyens, enfin sans la révolte instinctive de ces Spartiates, si fiers et si indépendants, contre les entraves que ses lois apportaient à l'exécution de leurs volontés.

Par une singulière coïncidence, ce fut un éphore, un de ces magistrats établis pour veiller à l'exécution des lois, qui donna le signal de la révolte, et la loi sur la distribution des biens, qui était la pierre angulaire de l'œuvre de Lycurgue, fut atteinte la première et la première supprimée.

Voici le récit de cette réforme tel que Plutarque nous le transmet : « La première cause de la corruption et » de l'état de langueur où était tombée la république » de Sparte remontait à peu près au temps où, après

» avoir détruit le gouvernement d'Athènes, les Lacé» démoniens s'étaient gorgés d'or et d'argent. Néan» moins, comme on avait conservé le nombre d'héri» tages qui avait été fixé par Lycurgue et que *chaque* » *père transmettait sa part à son fils*, le maintien de cet » ordre et de cette égalité avait rendu moins funestes » les atteintes portées aux autres lois. Mais un citoyen » puissant, nommé Epitadès, homme fier et d'un carac» tère opiniâtre, qui avait eu un différend avec son » fils, ayant été nommé éphore, fit une loi par laquelle » on avait la faculté de laisser sa maison et son héri» tage à qui l'on voudrait, soit par testament, soit par » donation entre-vifs. Epitadès n'avait proposé cette » loi que pour satisfaire son ressentiment particulier, » mais les autres l'acceptèrent et y donnèrent leur » sanction par des motifs d'avarice. Ce fut la ruine de » la plus sage de leurs institutions. Les riches acqui» rent des possessions sans mesure, en dépouillant de » leurs successions les véritables héritiers. Les richesses » se furent bientôt concentrées aux mains d'un petit » nombre de citoyens, et la pauvreté s'établit dans la » ville : elle en chassa les arts honnêtes, elle les rem» plaça par les arts mercenaires, et elle fit entrer avec » elle dans Sparte la haine et l'envie contre les riches. » Les Spartiates finirent par être réduits à sept cents » environ, dont cent à peine possédaient des propriétés » et un héritage; tout le reste de la population n'était » qu'une tourbe indigente qui languissait, dans la ville, » au sein de l'opprobre et qui se défendait au dehors, » mollement et sans courage, contre les ennemis, » épiant sans cesse l'occasion d'un changement qui la » tirât de cet état méprisable. » (1).

(1) Plutarque, *Vie d'Agis*, trad. de M. Alexis Pierron, t. IV, p. 6.

Il y a une part de vérité et une part d'erreur dans le récit de Plutarque.

Il est vrai qu'à partir de ce changement la puissance de Sparte déclina rapidement. Mais il est faux de ne voir dans cette modification que l'effet d'une volonté individuelle et la satisfaction d'un ressentiment particulier. Les volontés individuelles ne renversent pas la constitution d'un peuple, quand elles ne trouvent pas le terrain préparé, quand elles ne répondent pas aux aspirations ou aux besoins de ce peuple. La législation de Lycurgue avait fait son temps, et la tentative d'Épitadès lui porta le dernier coup. Seulement la transition fut trop brusque et trop radicale. Du système le plus restrictif en matière de testament, on passa tout à coup à la liberté illimitée, avec tous ses abus et tous ses dangers. La réforme était nécessaire, mais elle fut excessive, et c'est là ce qui fit tout le mal.

A Sparte, on vient de le voir, un même niveau a passé sur toutes les conditions et sur toutes les fortunes, c'est l'égalité dans l'immobilité et dans l'abaissement. A Athènes, au contraire, nous trouvons cette égalité féconde (1) qui admet la supériorité du travail et du talent, et qui, surexcitant toutes les ambitions, devient la source la plus sûre et la plus active de la grandeur d'un peuple. L'Athénien est l'homme des passions vives ; il s'enflamme pour les nobles causes. Il aime le plaisir et la liberté. Il est ingénieux, habile, sociable, et semble né pour le commerce. En même temps, il a une hardiesse de conception et une délicatesse de sentiments qui l'entraînent vers la poésie et vers les arts.

---

(1) Montesquieu, *Esprit des lois*, liv. VIII, ch. III.

Ce génie particulier se manifeste dès l'origine dans les institutions mêmes d'Athènes, et l'on voit bientôt s'établir, dans cette cité, la démocratie, avec sa vigueur et sa vie, mais aussi avec ses agitations et ses violences; avec sa liberté et son indépendance, mais aussi avec ses audaces et ses excès (1).

Avant d'atteindre cette forme dernière de gouvernement qui répondait à ses goûts, à ses instincts, à son caractère, le peuple athénien avait passé par deux épreuves. Deux tentatives avaient été faites pour mettre l'harmonie dans la cité, divisée par les factions.

Dracon, le premier, avait essayé de ramener le calme. Ses lois étaient-elles d'une sévérité excessive, comme le disent les auteurs anciens, comme l'ont répété, sur la foi de leurs devanciers, les auteurs modernes (2), ou bien n'y a-t-il dans cette opinion qu'une vaine illusion, et Dracon ne fit-il que donner force de loi à des coutumes qui existaient déjà, et dont la sévérité n'avait rien d'étonnant pour une société agitée par de sanglants désordres (3)?

Ce qu'il y a de certain, c'est que la tranquillité ne reparut pas. L'agriculture continua à languir; le travail s'arrêta; les violences succédèrent aux violences, et une crise redoutable devint imminente.

Le Crétois Épiménide tenta alors, à son tour, de parer aux maux présents. Il espérait importer à Athènes les

---

(1) Bossuet, *Discours sur l'histoire universelle*, 3e partie, ch. v, p. 455. — Ampère, *La Grèce, Rome et Dante*, p. 402. — Duruy, *Histoire de la Grèce ancienne*, p. 105. — Filon, *Démocratie athénienne*, p. 210.

(2) Aristote, *Politique*, ch. II, 9, 9; *Rhétorique*, ch. II, 25, 1. — Aulu-Gelle, *Nuits attiques*, ch. XI, p. 18. — Plutarque, *Solon*, p. 22.

(3) Perrot, *Le Droit public d'Athènes*, p. 121.

fortes maximes qui régissaient son pays; mais il se trouva en face d'idées et d'aspirations qui le découragèrent, et il se retira, comprenant que les mœurs des Athéniens ne se plieraient pas aux lois des Doriens.

C'est à ce moment que Solon entreprit de régénérer son pays et de lui donner une constitution et des lois en rapport avec ses mœurs, ses aspirations et son génie (1).

On lui demandait un jour si les lois qu'il avait établies à Athènes étaient les meilleures. « J'ai donné aux » Athéniens, répondit-il, les meilleures de celles qu'ils » pouvaient souffrir (2). »

En effet, il avait tenu grand compte des mœurs, qu'il avait cherché, non pas à réformer ou à détruire, mais à diriger et à contenir.

« C'est par là que sa législation, quoique altérée à » plusieurs reprises, ne périt jamais tout entière. Elle » ne se maintenait pas, comme celle de Lycurgue, par » sa roideur et son inflexibilité; mais elle résistait par » sa souplesse même. Solon survécut à la forme de » gouvernement qu'il avait instituée; mais le caractère » de sa législation dura autant que les mœurs des » Athéniens, dont elle était le résultat et l'image (3). » Ce qui domine les lois de Solon, c'est le respect des droits et de la liberté de l'homme. Ce caractère se retrouve dans toutes les institutions qui ont régi la république d'Athènes, mais Solon est le premier qui ait consacré et proclamé le principe.

---

(1) Eschbach, *Introduction à l'étude du droit*, p. 524.
(2) Montesquieu, *Esprit des lois*, liv. XXIX, ch. XXII.
(3) Ampère, *la Grèce, Rome et Dante*, p. 410.

Nous laisserons de côté les réformes politiques, pour nous occuper exclusivement de ce qui touche au droit privé et spécialement au droit de succession.

Nous n'avons pas le texte même de la loi de Solon, mais il est assez facile de le reconstituer, pour ainsi dire, en se reportant aux œuvres des orateurs, des historiens et des philosophes de la Grèce.

Plutarque, constatant l'effet excellent produit par la loi sur les testaments, ajoute : « Le pouvoir de tester » n'était point reconnu avant Solon (1); tous les biens » du mort restaient dans la famille. Solon permit à ceux » qui n'avaient pas d'enfants de disposer à leur gré » de ce qu'ils possédaient. Il préféra l'amitié à la pa- » renté, la liberté du choix à la contrainte, et il voulut » que chacun fût véritablement maître de ses biens; » mais il posa des limites : il ne ratifia pas indistincte- » ment toute espèce de donations, mais celles-là seules » qu'on aurait faites librement, et non sous l'influence » des maladies, des breuvages, des maléfices, ou arra- » chées par la violence ou captées par les séductions » d'une femme. Il pensait, non sans cause, qu'il n'y a » nulle différence entre les transgressions de la loi, » qui sont l'œuvre de la force, et celles qui sont l'effet » de la séduction, et il mettait au même rang la sur- » prise, la douleur et la volupté, comme également » capables de fourvoyer l'homme loin de la droite » raison (2). »

---

(1) « Chez tous les peuples anciens, la succession *ab intestat* a été le premier mode de transmission des héritages. Le testament est une institution plus récente. » M. Ch. Giraud. — *Du droit de succession chez les Athéniens. Revue de législation*, t. XVI, p. 100.

(2) Plutarque, *Vie de Solon*, trad. de M. Pierron, t. X, p. 207, 208.

Ainsi, tout en reconnaissant la liberté de tester, Solon conserve et maintient les droits de la famille contre lesquels la volonté même du père ne peut prévaloir.

Là où il n'y a pas d'enfants, liberté complète. Là où il y a des fils, hérédité organisée et fixée par la loi. — Distribution égale du patrimoine entre eux, avec obligation de constituer une dot à leurs sœurs. — A défaut de fils, dévolution de l'hérédité aux filles (1), et dans ce cas particulier, droit pour le père de tester, à la condition que les héritiers qu'il institue épouseront ses filles.

La loi distingue deux successions : la succession légitime (κατὰ γένος), et la succession testamentaire (κατὰ δόσιν).

Les citoyens de naissance seuls peuvent tester. Les *étrangers*, même *naturalisés*, les femmes, les mineurs sont déclarés incapables.

Les citoyens et les étrangers naturalisés sont seuls aptes à être institués héritiers. Les Athéniens sont trop intelligents et trop habiles pour éloigner les étrangers de leur ville; mais s'ils leur ouvrent leurs marchés, leurs temples, leurs théâtres, ils ne les admettent jamais à prendre la moindre part au gouvernement, à exercer le moindre des droits civils; ces droits, ils les réservent exclusivement aux citoyens. Les anciens n'ont pas ces sentiments de confraternité et de sympathie dont les nations modernes offrent tant d'exemples, et qui sont nés avec le christianisme. Dans l'étranger, ils voient toujours le rival ou l'ennemi. Ce fait

(1) Perrot, *le Droit public d'Athènes*, p. 130. — Duruy, *Histoire de la Grèce ancienne*, t. I, p. 192.

n'est pas particulier à Athènes; on le retrouve dans toutes les législations antiques; il a persisté bien longtemps dans notre loi, et il vit encore dans un grand nombre de pays.

Jusqu'à sa mort, le testateur peut modifier ou révoquer les dispositions qu'il a faites.

De nombreuses formalités sont imposées pour assurer l'exercice libre et sincère du droit (1).

Pour donner plus de valeur encore à cette liberté nouvelle qu'il reconnaît, Solon l'entoure de précautions et de garanties; il protége le testateur contre les défaillances, les entraînements et les erreurs, et fait tomber les testaments arrachés par la violence ou captés par la séduction.

De plus, il permet au père d'exhéréder son fils, quand il a de graves sujets de mécontentement contre lui, et crée une procédure toute spéciale dont une des constitutions du Code nous rapporte la forme (2).

Il ne reconnaît aucun droit aux enfants naturels, et deux cents ans plus tard, Aristophane, dans *les Oiseaux*, rappelle la disposition de la loi :

« — Des biens de ton père, tu n'auras rien. C'est la loi qui le veut : car tu es enfant naturel.

» — Moi, un enfant naturel? Que dis-tu?

» — Toi-même, par Jupiter!

» — Mais si mon père me donne ses biens à sa mort?

» — La loi ne le lui permet pas. Du reste, voici le » texte même de la loi :

---

(1) Eschbach, *Introduction à l'étude du droit*, p. 574, 576.

(2) *Code*, liv. VIII, tit. 47; *De patria potestate*, c. 6. — Cornélius Nepos, *Vie de Thémistocle*, ch. 1.

« Il n'y a pas de parenté pour l'enfant naturel. Il ne » concourt jamais avec les enfants légitimes.

» S'il n'y a pas d'enfants légitimes, les biens se par» tagent entre les parents les plus proches du mort. »

« — Ainsi, je n'aurai rien des biens de mon père?

» — Non, la loi est formelle (1). »

Quand il existe des enfants légitimes, et que ces enfants n'ont pas été aliénés, repoussés par leur père et, par là même, chassés de son hérédité, le droit de tester n'existe pas pour le chef de famille. Isocrate le dit en propres termes : « Vous devez aussi soutenir la loi qui » nous permet d'adopter des enfants et de disposer de » notre fortune, convaincu que cette loi est faite pour » que ceux qui sont *privés de postérité* puissent remplir » le vide de leur existence, parce qu'elle encourage les » parents, et même ceux qui n'ont entre eux aucun » rapport de famille, à prendre réciproquement plus » de soin les uns des autres (2). »

Démosthènes (3), après avoir plusieurs fois cité et commenté la loi de Solon, en définit et en explique et l'esprit et le but dans son discours contre Leptine (4).

Cette importante question du droit de tester que le législateur athénien avait tranchée dans le sens d'une liberté modérée et sage, les philosophes l'examinent à leur tour. Deux tendances extrêmes se manifestent : les uns demandent la liberté absolue, les autres la repoussent. Platon, dans un de ses dialogues, s'élève avec énergie contre la liberté, et il se déclare partisan d'un système

---

(1) Aristophane, *les Oiseaux*, t. I, p. 603, 604, 605.
(2) Isocrate, *Discours éginétique*, t. III, § 22, p. 425.
(3) Démosthènes, *Deuxième discours contre Steph.*, p. 594, 595, 596.
(4) Démosthènes, *Discours contre Leptine*.

qui ne laisserait qu'à la loi le droit de régler les dévolutions des biens.

« L'ATHÉNIEN. Si on laisse à chacun la liberté de » dresser son testament comme il voudra, en déclarant » simplement que les dernières volontés des mourants, » quelles qu'elles soient, seront mises à exécution, il » arrivera que chacun fera un grand nombre de dispo» sitions différentes entre elles, contraires aux lois, » aux sentiments des autres citoyens et à ceux où on » était soi-même avant de songer à faire un testament; » car, presque tous tant que nous sommes, nous n'avons » plus en quelque sorte ni liberté dans l'esprit, ni fer» meté dans la volonté, lorsque nous nous croyons sur » le point de mourir.

» CLINIAS. Comment entends-tu cela?

» L'ATHÉNIEN. Mon cher Clinias, tout homme près de » la mort est d'une humeur difficile. Il a toujours à la » bouche des paroles qui inquiètent et embarrassent les » législateurs.

» CLINIAS. En quoi?

» L'ATHÉNIEN. Voulant disposer de tout à son gré, il » a coutume de dire avec emportement.

» CLINIAS. Quoi?

» L'ATHÉNIEN. O dieux, s'écrie-t-il, ne serait-il pas » bien dur que je ne puisse disposer de mon bien en » faveur de qui il me plait, en laisser plus à celui-ci, » moins à celui-là, selon le plus ou le moins d'attache» ment qu'ils m'ont témoigné et dont j'ai eu des preu» ves suffisantes dans le cours de ma maladie, dans ma » vieillesse et dans les divers événements de ma vie?

» CLINIAS. Ne trouves-tu pas, étranger, qu'ils ont » raison de parler de la sorte?

» L'ATHÉNIEN. Je trouve, Clinias, que les anciens

» législateurs ont eu trop de condescendance, et qu'en » faisant les lois, ils n'ont vu et embrassé par les » réflexions qu'une faible partie des affaires humaines.

» Clinias. Que veux-tu dire?

» L'Athénien. Effrayés des plaintes que nous venons » de rapporter, ils ont porté une loi qui permet à chacun de disposer absolument et entièrement de ses » biens comme il lui plaît. Mais nous ferons, toi et moi, » une réponse plus sensée aux citoyens de notre état » lorsqu'ils seront sur le point de mourir.

» Clinias. Quelle réponse?

» L'Athénien. Mes chers amis, leur dirons-nous, » vous qui ne pouvez guère vous promettre plus d'un » jour, il vous est difficile dans l'état où vous êtes de » bien juger de vos affaires, et de plus de vous connaître vous-mêmes comme le prescrit Apollon Pythien. Je vous déclare donc, en qualité de législateur, » que je ne vous regarde point, ni vous, ni vos biens, » comme étant à vous-mêmes, mais comme appartenant à toute votre famille, tant à vos ancêtres qu'à » votre postérité, et toute votre famille avec ses biens » comme appartenant encore plus à l'État. Et puisqu'il » en est ainsi, si tandis que la maladie ou la vieillesse » vous font flotter entre la vie et la mort, des flatteurs » s'insinuant dans votre esprit vous persuadent de faire » un testament contre les règles, je ne le souffrirai » point, autant qu'il est en moi, mais je ferai des lois » là-dessus, envisageant le plus grand intérêt de l'État » et de votre famille, et lui subordonnant avec raison » l'intérêt de chaque particulier. Allez au terme où la » nature humaine aboutit, sans conserver d'aigreur » ni de ressentiment contre nous; nous aurons soin » de tous vos proches, nous y employant de toutes

» nos forces, sans négliger ceux-ci pour favoriser » ceux-là (1). »

Plus tard, Aristote soutient la même thèse : « Il ne » faut pas, dit-il, que les successions dépendent de la » volonté arbitraire d'un testateur. Il importe qu'elles » soient déférées au plus proche parent et qu'il n'y ait » qu'une seule hérédité. De cette manière, il y aura » une plus grande égalité de fortune et plus de bien- » être dans toutes les classes de la société (2). »

Malgré ces attaques indirectes, la législation de Solon se maintient intacte ; sans doute elle subit, dans la suite des temps, certaines modifications ; c'est le sort de toutes les institutions. Démosthène parle d'une loi d'Euclide sur les hérédités *ab intestat* qui apporta quelques prescriptions nouvelles. Mais les principes de sage liberté sur lesquels reposait la loi de Solon se conservèrent, et la base même de la loi ne fut pas atteinte.

Les Athéniens ne portaient pas dans le domaine du droit leur goût de mobilité et de changement. Les luttes de l'agora, les arts et la poésie les attiraient et les captivaient bien autrement que les froides dispositions de la législation civile. Aussi n'ont-ils laissé ni recueil de lois ni jurisprudence. A peine trouve-t-on éparses dans les discours de leurs orateurs, dans les dialogues de leurs philosophes, les règles qui président aux actes les plus importants de leur vie quotidienne. Leur génie n'était pas porté vers ces arides et laborieuses études. Les agitations, les rivalités, les guerres civiles ou étrangères qui les secouèrent si souvent, leur eussent à peine laissé le temps de s'y livrer. C'est là ce qui empêcha

(1) Platon, *Les lois*, traduction Cousin, liv. XI, p. 301, 303.
(2) Aristote, *Politique*, liv. V, ch. VII, p. 33.

leur législation d'arriver au développement et à la perfection que devaient faire prévoir leurs aspirations philanthropiques et libérales.

Quoi qu'il en soit, et quelque stationnaire qu'il puisse être resté, le droit attique porte la trace du progrès des idées et de l'adoucissement des mœurs. Les lois politiques, les lois criminelles, les lois civiles, sont marquées au coin d'une civilisation nouvelle. Elles ont leurs défauts et leurs dangers, comme toute œuvre humaine. Sans doute elles ne sauveront pas la Grèce; elles ne la protégeront pas contre les rivalités intérieures. Elles ne la défendront pas contre l'or de Philippe et d'Alexandre. Elles ne la mettront pas à l'abri des armes romaines. Mais si elles n'ont pas arrêté la Grèce sur la pente qui l'entraînait à sa ruine, elles ont eu, du moins, une influence réelle sur ses victoires, sur sa grandeur et sur sa prospérité. Quoi qu'on en puisse dire, elles marquent dans l'histoire de la législation une féconde et glorieuse étape, et méritent bien d'arrêter, un instant, l'admiration de la postérité.

CHAPITRE V.

LÉGISLATION ROMAINE.

Temps primitifs de l'Italie. — Anciens usages. — Propriété. — Hérédité. — Rome. — Fondation de la cité. — Lutte des patriciens et des plébéiens pour l'égalité civile. — Loi des Douze Tables. — Liberté testamentaire.

Pendant que Lycurgue et Solon fondaient les constitutions de Sparte et d'Athènes, pendant que la Grèce rayonnait de tout l'éclat de la poésie, de l'éloquence et des arts, au pied des Apennins, sur les bords de la mer, un peuple s'élevait lentement, et ce peuple était destiné à devenir le maître du monde. Il ne devait pas seulement promener autour de la Méditerranée ses aigles victorieuses et traîner, humiliés et soumis, derrière ses chars de triomphe, les rois les plus puissants; une gloire plus grande et plus durable lui était réservée. Il était appelé à donner ses lois à tous les peuples, et il allait jeter les bases d'une législation qui, survivant à ses victoires, à ses défaites, à sa décadence, projetterait ses lueurs fécondes sur les nations de l'avenir, et deviendrait le fondement même de tout le droit moderne.

La civilisation romaine présente un caractère tout spécial. Ce caractère se dessine dès l'origine. Il apparaît au milieu des légendes fabuleuses qui enveloppent le berceau de Rome, et persiste jusqu'aux derniers événements qui entraînèrent la chute de l'empire.

La société romaine n'offre ni les mœurs amollies de l'Asie, ni les habitudes légères de la Grèce, ni les lois despotiques et immuables de l'Orient, ni les institutions démocratiques et changeantes d'Athènes.

On n'y trouve plus cette mobilité du Grec qui se laisse entraîner dans les entreprises et dans les aventures, ni cette fixité malheureuse des Orientaux qui exclut toute amélioration et tout changement. On y voit, dès l'origine, cette fermeté sage qui admet et qui recherche tous les progrès, mais qui ne laisse rien au hasard et qui sait faire, en toutes choses, la part de la réflexion et de l'expérience. S'il suffit du discours entraînant d'un orateur populaire pour emporter les Athéniens à modifier leur constitution et leurs lois, à Rome, il faudra aux plébéiens de nombreuses années de luttes et d'efforts pour arriver à conquérir l'égalité dans les honneurs et dans les droits.

Le peuple romain, avec son esprit calme, sérieux et pratique, ne se laissait pas facilement séduire par les images trompeuses et les vagues théories. Il avait le sentiment du droit, détestait les chimères, et n'admettait jamais une réforme que le jour où il était bien convaincu de sa nécessité et de sa justice. C'est là un des secrets et une des causes de la force et de la durée des institutions et des lois de Rome.

Sans doute la législation d'un pays ne peut rester stationnaire. Elle doit se plier aux circonstances et aux événements. Telle institution ou telle loi qui, pendant des siècles, a fait la grandeur et la sûreté d'un peuple, peut, à un moment donné, devenir pour lui une cause d'embarras ou de périls. Mais, s'il faut qu'il y ait toujours dans les lois humaines une partie qui se plie aux exigences et aux nécessités de l'heure présente, il est indispensable qu'il existe au-dessus de ce cercle mobile et variable un principe fixe, un point immuable autour duquel les lois de chaque époque viennent successivement se rattacher et se grouper comme autant de rameaux et de branches émanés d'une souche unique.

Il n'est rien de plus dangereux pour la sécurité publique, rien de plus funeste pour les intérêts privés, que de remettre sans cesse en question les principes mêmes des constitutions et des lois de l'État. A Rome les préteurs avaient été institués pour éviter cet écueil. Ainsi se montrent, dès l'origine, les deux grands courants de la législation romaine. Ils se développent et s'étendent parallèlement, se réunissant souvent pour se fortifier l'un par l'autre, souvent aussi s'éloignant et se divisant pour répandre partout d'une manière plus équitable et plus complète les bienfaits de la justice et du droit.

S'il est une partie de la législation où la présence et l'influence de ces deux éléments se produisent d'une manière évidente et continue, c'est sans contredit celle qui touche aux successions et aux testaments. C'est aussi là que se manifeste ce mélange singulier d'immobilité et de progrès, cette marche lente et rapide à la fois, enfin cette suite si habile de résistance et de concessions qui forme pour ainsi dire la nature spéciale du caractère romain.

Sur les flancs de la grande chaîne des Apennins, dans les gorges de la Sabine et du Latium, dans les forêts de l'Étrurie et du Samnium, sur les collines qui avoisinent le Tibre (1), se fixent les premières races, qui, soit du Nord, soit de l'Orient, viennent en Italie

(1) Mommsen, *Histoire romaine*, traduction de M. Alexandre, t. I, p. 02.

chercher un champ assez vaste pour leur travail et pour leur activité. Ce sont d'abord des familles isolées, étrangères les unes aux autres, vivant au jour le jour, sous l'autorité de leur chef. Elles cultivent la terre; leurs mœurs sont austères; leur vie est frugale et simple. De lois, elles n'en connaissent pas d'autres que la volonté de celui qui les conduit; il est à leurs yeux le représentant et l'interprète de la Divinité.

Les années passent, les familles se développent et s'étendent. Elles se rencontrent, elles se réunissent et forment ainsi de petits États (1). Les chefs de famille réunis conservent et exercent ensemble le pouvoir et l'autorité, et ainsi se crée une classe dominante dont on retrouve la trace chez les plus anciennes peuplades de l'Italie (2).

Et puis ces bourgades grandissent; elles vont descendre dans la plaine, entraînées par cette force instinctive qui pousse les petits groupes à se réunir et à s'assembler pour former une masse plus compacte, afin de trouver, dans cette réunion, des moyens plus sûrs pour donner un libre cours à leur activité, des garanties plus complètes pour asseoir leur indépendance et leur richesse.

Ce centre de défense et d'action, elles le trouvent d'abord à Albe. Une sorte de fédération réunit dans une étroite alliance toutes les tribus latines (3). Mais la situation d'Albe, si favorable qu'elle soit, n'offre pas encore tous les avantages que présente la plaine comprise entre les sept collines. C'est sur le Palatin qui la

(1) Mommsen, t. 1, p. 40 et 50.
(2) *Ibid.*, t. 1, p. 51 et 53.
(3) *Ibid.*, t. 1, p. 54.

domine que Romulus trace l'enceinte d'une ville qui va devenir le commun marché et l'unique forteresse de tout le pays d'alentour (1). On accourt dans ces murs; la force, l'alliance, l'intérêt peuplent promptement cette cité nouvelle. Chacun y apporte ses mœurs, ses habitudes, ses idées, et de ce mélange se forme un type tout spécial qui réunit en lui, dans un curieux assemblage, toutes les qualités des éléments qui contribuent à le former.

Jetez sur ces obscures origines les lueurs de la poésie et de la fable; entourez-les du lointain prestige de la mythologie et des fictions, et vous arriverez à ces récits étranges et mystérieux qui, embellis par l'imagination de l'homme, sont devenus les bases mêmes de l'histoire nationale et légendaire de l'Italie (2). Un fait certain se dégage de tous ces récits, et ce fait nous le retenons. C'est l'existence de la famille aux premiers jours de la société romaine. Ce n'est pas cette famille vague et variable que l'on voit aux origines de certaines civilisations. C'est la famille solidement assise, avec tous ses éléments, toute sa cohésion et toute sa force. A sa tête apparaît la personnalité toute-puissante du père, entre les mains duquel se concentrent tous les pouvoirs et tous les droits. Ces pouvoirs et ces droits qu'il exerce, sans réserve et sans contestation, sur les personnes qui l'entourent se continuent-ils, pour ainsi dire, après lui, et le père de famille est-il libre de distribuer son patrimoine à son gré? Non, cette idée du caractère absolu et individuel de la propriété, qui est au fond de la conscience de chaque individu, vient se heurter contre

(1) Mommsen, t. I, p. 64 et 65.
(2) Tite-Live, Virgile, Florus.

les croyances religieuses d'alors et contre les principes mêmes de l'organisation de la famille. Le testament, dont le but est, en définitive, de changer l'ordre logique et naturel de la succession, n'est, en ces temps primitifs, considéré que comme un fait exceptionnel et anormal.

Il y a à cela deux causes.

L'une est générale et commune à toutes les sociétés naissantes. L'autre est particulière et spéciale aux peuplades primitives de l'Italie. La première est dans le mode d'après lequel se développent, dans les institutions positives des peuples, certaines idées qui sont gravées dans le cœur même de l'homme. La seconde est dans le caractère que présente, à l'origine, l'organisation de la propriété dans la Péninsule.

Personne ne conteste que, si les idées de liberté et d'égalité s'imposent à la conscience de l'homme et lui apparaissent lumineuses et fermes, dès que sa raison se développe et se connaît, il faut souvent bien des années, bien des siècles, bien des efforts pour les faire passer, de cette région supérieure, dans les lois, dans les usages, dans les institutions, et l'on constate, en relisant l'histoire, qu'il faut qu'une civilisation soit déjà parvenue à un degré réel de force et de développement pour que ces idées viennent limiter et mitiger le principe d'autorité.

Plus peut-être que d'autres, les peuples de l'Italie ont subi la loi commune, et leurs premières institutions comme leurs premiers usages sont empreints du caractère autoritaire le plus accentué.

Venus par bandes ou par familles, sur une terre encore vierge, ils ont commencé par cultiver ensemble les terrains qu'ils avaient conquis, et par mettre en

commun les produits qu'ils en retiraient. « La commu-
» nauté agraire, en effet, et la cité, constituées par
» l'association des familles, sont liées entre elles par
» d'intimes rapports, et, longtemps après la fondation
» de Rome, on rencontre souvent de véritables com-
» munistes vivant et exploitant le sol ensemble (1). »

Plus tard, quand, se réunissant autour d'un point commun, les familles fondèrent la cité, il se fit entre elles, par la force des choses, une véritable assignation de terres. Chaque famille se cantonna, si je puis ainsi parler, dans une région spéciale, et cette région devint le patrimoine exclusif de ceux qui la cultivaient. Ainsi s'établit une sorte d'équilibre qu'on ne reconnaissait à personne le droit de modifier. Le bien de la famille était sacré, et le père lui-même ne pouvait l'enlever à ses descendants.

Quand Romulus fonda Rome, il distribua à ses compagnons le terrain qu'il avait conquis (2); à ceux qui vinrent plus tard se joindre à lui, il assigna aussi des terres. Mais sur ces terres, alors considérées comme faisant partie du domaine commun, il n'accorda qu'une sorte d'usufruit, obligeant celui qui entrait en possession à payer une redevance à l'État. Ces concessions étaient uniquement faites en vue de favoriser l'établissement des familles et de créer une aristocratie territoriale intéressée à défendre la cité qui se fondait.

Ainsi, dans les temps primitifs de l'Italie, la propriété a pour base l'occupation et la distribution naturelle et nécessaire qui se fait entre les familles établies

---

(1) Mommsen, *Histoire romaine*, t. I, ch. XIII, p. 250.

(2) Varron, *De lingua latina*, V, § 55. — Plutarque, *Romulus*, § 12 et 13.

sur un sol nouveau. Après la fondation de Rome, elle a pour fondement la concession, la concession faite au nom de la communauté, par le roi qui en est le chef, au chef de la famille, non pas pour lui, mais pour la famille, et la communauté qui concède conserve un droit supérieur qui plane au-dessus du droit du père et qui lui impose des limites (1).

Telles étant les bases de la propriété à cette époque, de quel droit le chef de famille serait-il venu, de sa propre et seule autorité, modifier une répartition qui reposait, ici sur le commun assentiment, là sur la volonté souveraine du chef représentant la communauté ? De quel droit serait-il venu troubler cet équilibre, et même, quel intérêt aurait-il eu à dépouiller sa famille au profit de l'agrandissement et de l'enrichissement d'une autre maison ?

Ainsi, le testament, bien qu'il soit connu dès le principe, ne s'applique pas, ou, s'il s'applique, il n'apparaît que comme un fait isolé, anormal, et n'est valable qu'à la condition formelle d'être sanctionné par l'assentiment de tous et d'être revêtu des formalités exigées pour les lois de l'État (2).

S'il en eût été autrement, si le testament se fût appliqué souvent, Tite-Live raconterait-il, dans son premier livre, comme un fait extraordinaire et digne de remarque, que Procas, roi des Albains, père de Numitor et d'Amulius, donna en mourant à Numitor, qui était l'aîné, l'antique héritage de sa famille, le royaume de Sylvius (3)?

---

(1) Troplong, *De la propriété*, ch. XVII; *Influence du Christ.*, ch. III, § 1, — *Des donations et testaments*, t. I, préface, p. LIII.

(2) Mommsen, t. I, p. 107.

(3) Tite-Live, liv. I, ch. III.

Nous apprendrait-il ensuite que c'est en vertu d'un testament que Tarquin recueillit seul la succession paternelle aux dépens du fils posthume de son frère Aruns?

Nous dirait-il plus tard qu'Ancus Martius nomma, par testament, Tarquin l'Ancien tuteur de ses fils (1)?

Cette complaisance que l'historien met à relever et à citer ces testaments ne nous montre-t-elle pas qu'il voyait dans ces faits quelque chose d'insolite pour l'époque à laquelle ils avaient eu lieu ?

« En effet, dans les croyances de ces âges anciens, » l'homme vivant n'était que le représentant d'un être » constant et immortel qui était la famille. Il n'avait » qu'en dépôt le culte et la propriété. Son droit sur » eux cessait avec la vie (2). »

Sous l'influence de la religion primitive qui venait de présider à la fondation de Rome, le testament, qui, par lui-même, se mettait en contradiction avec la lettre et avec l'esprit de cette religion, ne devait nécessairement se présenter qu'à de rares intervalles (3).

Les choses se passèrent ainsi pendant toute la période royale; nous n'avons de cette époque aucun texte de loi. Pomponius, au Digeste, parle bien d'un recueil de lois royales qui se serait appelé le *Papien*, mais on n'en trouve plus aucune trace.

Les rois qui se succédèrent régularisèrent et coordonnèrent les coutumes existantes en ce qu'elles avaient de compatible avec la vie sociale. Romulus avait fondé

---

(1) Tite-Live, liv. I, ch. xxxiv.
(2) Fustel de Coulanges, *la Cité antique*, p. 97.
(3) Testament *calatis comitiis*, — *in procinctu*, — *per æs et libram*. — Gaius, II, § 101. — Inst., § 1. — Gaius, Comment. II, §§ 102, 103.

la ville. Numa organisa le culte des dieux; il protégea la propriété et fit limiter les terres. C'est là la vérité qui se cache sous cette allégorie que l'on trouve chez les poëtes et chez les auteurs anciens, et qui nous peint Numa amenant à Rome le dieu Terme et construisant son temple sur le Forum. Les concessions de terre sont ratifiées, les redevances supprimées, et la propriété individuelle est réellement établie (1). Servius crée le mécanisme politique, il donne à la cité la cohésion qui lui manquait; mais, sous ces rois, comme sous leurs successeurs, la classe patricienne se fortifie et reste maîtresse exclusive des charges, des honneurs, du droit. Elle conserve, avec un soin jaloux, le secret des augures et des lois.

Les plébéiens sont peu nombreux encore; ils sont bien incultes et bien superstitieux, et ils subissent, sans en sentir le poids, la domination qu'on leur impose; mais le pouvoir royal s'inquiète de la force des patriciens. Il voit s'élever une puissance rivale qui peut être dangereuse. Il cherche à se rapprocher de la plèbe, à faire cause commune avec elle, à s'en servir au besoin contre ses ennemis. Il la flatte; quelquefois il paie cher ses avances au parti populaire, et les grands savent à temps châtier ceux qui veulent se soustraire à leur pression. Mais, peu à peu, malgré tout, un courant s'établit; les plébéiens sont devenus nombreux, ils servent dans l'armée et défendent la patrie avec le même courage et la même ardeur que les patriciens; et, cependant, à la ville ils n'ont pas le droit de par-

---

(1) Plutarque, *Numa*, § 28. — Cicéron, *De republica*, liv. II, § 14. — Denys, liv. II, § 74. — Troplong, *Donations et testaments*, t. I, préface, p. LII.

venir aux mêmes charges, d'exercer les mêmes magistratures. Ils ne connaissent pas la loi, qui est le secret des patriciens et qui n'est écrite nulle part (1). Ils ne vont pas dans les comices, et, par conséquent, ils ne peuvent pas tester.

Il y a ainsi à Rome deux classes parallèles séparées par un abîme.

Cette inégalité entre les citoyens habitant une même ville, partageant les mêmes labeurs, exposés aux mêmes dangers, commence à être comprise et impatiemment supportée par les plébéiens, dès la fin du règne de Tullus. On entend déjà, par intervalles, des murmures et des plaintes. L'orage se prépare et s'amoncelle. La royauté, qui le prévoit, penche sensiblement du côté des plébéiens, mais le patriciat veille. La mort de Lucrèce ruine le parti des Tarquins; l'aristocratie habile dirige le mouvement au profit de l'accroissement de ses prérogatives, et, dans la chute de la royauté, elle puise une force et une audace plus grandes.

Si les patriciens ont cru qu'en remplaçant le prince par des consuls, la royauté par la république, qu'en se substituant eux-mêmes au pouvoir souverain, ils sont arrivés au but de leur tâche, ils se sont étrangement trompés. En s'alliant avec eux pour chasser les rois, les plébéiens ont essayé leurs forces.

Ils ont espéré conquérir plus vite ce qu'on leur faisait entrevoir depuis longtemps, et, au lendemain de leur victoire, les patriciens voient se dresser devant eux les revendications ardentes du parti populaire, qui veut que leur république soit une vérité. La lutte durera seize ans.

---

(1) Fustel de Coulanges, *la Cité antique*, p. 244.

Il y a de grands enseignements à puiser dans l'étude de cette évolution de la cité romaine, pour l'homme d'État et pour l'économiste; pour le jurisconsulte, il n'y a qu'un point à retenir : c'est que la première des réclamations des plébéiens avait pour but la publication d'une loi égale pour tous et connue de tous les citoyens. Les questions de pouvoir politique agitaient bien l'esprit des chefs plébéiens, mais elles laissaient indifférents ceux qui ne pouvaient prétendre aux honneurs et aux charges. Les questions d'égalité civile avaient plus d'écho parce qu'elles atteignaient tout le parti. Deux points surtout surexcitaient les esprits, parce qu'ils touchaient à la vie de chaque jour et que, par là même, le conflit se présentait plus fréquent et plus vif : ces deux points étaient le mariage et le testament.

Par l'interdiction du mariage entre les deux ordres, les plébéiens se voyaient à jamais fermée l'alliance avec les familles patriciennes, et ils perdaient l'espoir de s'anoblir et de s'élever.

Par l'impossibilité où ils étaient de pénétrer dans les comices, ils se voyaient privés du droit de modifier, par des dispositions spéciales, la distribution de leurs biens, et réduits ainsi à une sorte d'incapacité et d'infériorité qui les froissait.

Cet état de choses avait bien pu convenir aux premières années de Rome, alors que les plébéiens n'étaient qu'une infime minorité; mais tout avait changé depuis lors. Si les guerres contre les Latins, les Herniques et les Èques avaient créé une diversion et réuni sous les mêmes drapeaux, par l'élan du patriotisme et le sentiment de la conservation, patriciens et plébéiens, les dissensions intérieures avaient repris avec plus de vivacité, par cela même que le peuple sentait bien qu'on ne pouvait se passer de lui.

Les discussions au sujet des dettes, la création de la dictature, la retraite sur le mont Sacré, le procès de Coriolan et la guerre des Volsques, avaient successivement agité la république.

Les plébéiens avaient obtenu la création du tribunat et l'organisation des comices par tribus.

Mais ce n'était là qu'un premier pas. Des patriciens, par ambition ou par dévouement, prenaient déjà en main la cause populaire, et Spurius Cassius donnait l'exemple en proposant une loi agraire (1). Les dictateurs succédaient aux dictateurs, et les luttes intérieures ne s'apaisaient un instant que pour reprendre plus vives et plus ardentes. La loi Terentilla pose enfin nettement la question et formule en termes précis les réclamations des plébéiens (2). Ils veulent que le pouvoir judiciaire sorte des mains des patriciens, et qu'une loi écrite fixe définitivement le droit.

Après dix ans de résistance le patriciat cède, et le sénat envoie en Grèce trois commissaires pour étudier les lois qui serviront de base à la législation civile qu'on entreprend de fonder.

De cette lutte sortit la loi des Douze Tables. dont Cicéron dira : « Fremant omnes licet, dicam quod » sentio : Bibliothecas me Hercule omnium philosophorum unus mihi videtur Duodecim Tabularum libellus, » si quis legum fontes et capita videret, et auctoritatis » pondere et utilitatis ubertate, superare (3). »

---

(1) Mâcé, *Lois agraires*, p. 130.
(2) Laferrière, *Histoire du droit romain*, p. 32.
(3) Cicéron, *De oratore*, ch. I, p. 44.

La loi des Douze Tables établit le droit absolu de disposer de ses biens, et ce droit, elle le remet entre les mains du père de famille citoyen romain. Ses termes sont formels :

« Uti legassit super pecunia, tutelave suæ rei, ita jus » esto (1). »

Ainsi, plus de comices, plus de réunions du peuple ou de l'armée. La volonté seule de l'homme a force de loi et s'impose d'elle-même, sans condition et sans examen.

Nous avons montré que la publication de cette loi était une conquête du parti populaire, qui sortait ainsi de l'état de tutelle et de dépendance dans lequel il se trouvait réduit jusque-là. Les prescriptions des Douze Tables relatives au testament sont une innovation qui profite non-seulement aux plébéiens, en supprimant les formes solennelles qui ne leur étaient pas accessibles, mais encore aux patriciens, en dégageant leur liberté des entraves qui lui étaient imposées, et en établissant à l'état de règle ce qui n'était jusqu'alors que l'exception.

Le changement fut tel que l'hérédité testamentaire prit immédiatement le pas sur l'hérédité légitime, et ce fut, dans la suite, un véritable déshonneur de ne point, par un acte de dernière volonté, régler soi-même la distribution de sa fortune et de ses biens.

En présence d'une transformation aussi complète, on se demande quelle fut la pensée qui dirigea les législateurs nouveaux, et dans quel but, maintenant les anciens usages sur tant de points, ils rompirent aussi radicalement avec le passé sur la question spéciale

---

(1) *Tabula quinta*, Pellat, *Manuale Juris*, p. 720.

qui nous occupe. Ont-ils, en supprimant toutes les entraves qui pouvaient gêner la faculté de tester, obéi à un respect réfléchi de la liberté individuelle et du droit de propriété? Ont-ils voulu élever la dignité de l'individu en élargissant le cercle de son indépendance, ou bien ont-ils, comme on l'a dit souvent, transporté en Italie les coutumes et les lois de la Grèce? Ces idées ont été soutenues; elles sont ingénieuses; mais elles ne trouvent pas, je le crois, dans l'histoire des faits, cet appui et cette consécration qui sont nécessaires pour donner à une opinion le caractère de la vérité.

La loi des Douze Tables fut sans aucun doute un immense progrès; mais vouloir trouver dans ses prescriptions les traces d'une préoccupation philosophique supérieure, c'est se faire une étrange illusion sur l'époque à laquelle elle fut faite, sur les mœurs du peuple qu'elle devait régir, sur l'esprit de ceux qui la rédigèrent.

Prétendre qu'elle est la copie de la loi de Solon, c'est admettre sans examen une opinion toute faite; c'est laisser croire qu'on n'a jamais comparé les textes des deux législations. Ici le droit de la famille sur les biens est formellement consacré et défendu; la liberté de tester n'existe que lorsqu'il n'y a pas d'enfants. Là, au contraire, il n'est reconnu aucun droit à la famille sur les biens du père, et la liberté absolue de tester existe, même au détriment des enfants du testateur. « La différence entre les deux textes est formelle, et ce qui frappe surtout, c'est leur opposition et leur contraste (1). »

Il ne faut chercher, ni si haut, ni si loin, les causes de la loi des Douze Tables. Cette loi est née des circon-

(1) Gide, *Condition de la femme*, p. 97.

stances. Elle a sa source et son explication dans les besoins, dans les nécessités, dans les aspirations de la société qu'elle allait régir. Sortie du conflit des deux ordres et destinée à faire disparaître des anomalies et des privilèges, elle devait, sous peine de passer pour n'être qu'un vain et trompeur compromis, pencher du côté de l'extension la plus grande du droit de disposer. Ne voulant pas encore céder sur le mariage, les patriciens étaient obligés de se montrer très-larges et très-faciles sur la question des testaments. D'ailleurs ils étaient intéressés eux-mêmes à la consécration de cette liberté, qui leur déliait les mains pour l'avenir et qui enlevait à l'État tout prétexte d'immixtion dans leurs affaires privées.

Voilà la première cause de la disposition qui nous occupe.

Il y en a une seconde. On sait l'extension que le pouvoir du père de famille avait prise, dès les origines de Rome. Il avait toujours été considéré comme la garantie la plus sûre de l'ordre et de la prospérité de la cité. Cette puissance n'avait jusque-là donné que de féconds résultats; trop sévère peut-être en principe, elle se tempérait par les mœurs et arrivait à établir cette forte discipline qui produisait tant de bons citoyens.

Toucher à cette organisation de la famille, c'eût été aux yeux des législateurs un sacrilége et une folie. Tout ce qui aurait pu tendre à diminuer ou à restreindre cette puissance devait nécessairement être repoussé; mais aussi, tout ce qui pouvait l'agrandir ou la fortifier devait être vu avec prédilection et avec faveur. Nous verrons ce que devinrent ces idées et quel compte on en fit quelques années plus tard. Mais, à l'époque où nous sommes, on peut dire qu'elles dominaient tous les esprits et que nul à Rome n'aurait osé les contredire ou les combattre. De là à remettre aux mains du chef de famille le pouvoir énorme que lui conférait la loi des Douze Tables, il n'y avait qu'un pas, et ce pas, les Décemvirs le franchirent.

La liberté testamentaire s'imposait par la force même des choses au législateur nouveau, et, par une singulière coïncidence, elle se trouvait apportée, d'une part, par le souffle aristocratique et autoritaire qui voulait rendre plus forte et mieux assise la puissance du chef de famille, et, d'autre part, par le courant populaire et libéral qui cherchait à faire disparaître toutes les inégalités et tous les privilèges.

Ainsi s'évanouissent devant la réalité des faits toutes ces théories d'imitation ou d'importation étrangère que Cicéron lui-même repoussait lorsqu'il s'écriait: « Quantum præstiterint nostra majores prudentia ceteris gentibus facillime intelligetis, si cum illorum Lycurgo et Dracone et Solone nostras leges conferre volueritis. Incredibile est enim quam sit omne jus civile, præter hoc nostrum, inconditum ac pœne ridiculum (1). »

La loi des Douze Tables est éminemment romaine; elle est le produit des événements et porte l'empreinte de la civilisation au milieu de laquelle elle parut. Ce fut là, du reste, le secret et la cause de sa durée et de sa force.

« Si elle a été, comme le dit Tite-Live, la source du droit romain, si elle a été placée par Cicéron, qui lui rend le même témoignage, au-dessus de tous les livres des philosophes, si enfin plusieurs de ses dis-

(1) Cicéron, *De oratore*, ch. 1, p. 44.

» positions ont servi de base à la jurisprudence de la » république et subsistent jusque dans le recueil des em» pereurs chrétiens, elle le doit précisément à ce » qu'elle avait sa racine dans les mœurs romaines; car » c'est là ce qui fait la force d'une législation, parce » que c'est de là que lui viennent la séve et la vie (1). »

Voilà peut-être le moment le plus brillant de la république. Le droit est fondé; les institutions nouvelles sont dans leur force et dans leur pureté; les caractères ont leur vigueur et leur énergie; les luttes qui ont agité l'État s'apaisent; le calme et la confiance renaissent; la rivalité des deux ordres n'est plus qu'un souvenir. Les familles sont unies, sous l'autorité incontestable de leur chef, dans l'observation de la discipline et dans l'amour de la patrie. Le pouvoir du père, si terrible qu'il se manifeste, est l'objet du respect, parce qu'il ne s'exerce qu'avec sagesse et qu'avec justice, et les plus prévoyants eux-mêmes n'aperçoivent pas encore les dangers et les abus qu'entraînera bientôt le nouveau droit que la loi des Douze Tables vient de consacrer.

(1) Ampère, *Grèce, Rome et Dante*, p. 423.

CHAPITRE VI.

LÉGISLATION ROMAINE.

Influence de la Grèce. — Modifications apportées à la législation par la jurisprudence. — Tribunal des Centumvirs. — Institution d'héritier. — Exhérédation. — *Loi Junia Velleia.* — Droit prétorien. — Possession de biens. — Édits. — Restrictions apportées au droit de tester.

Il y a dans toutes les lois deux éléments bien distincts : le principe du droit et l'application de ce principe. L'un doit rester immuable, au-dessus des discussions et des changements ; l'autre doit se plier aux circonstances et varier avec les époques et avec les civilisations.

La loi des Douze Tables fonde la liberté testamentaire : c'est là le principe fixe et immuable ; les magistrats et les préteurs sont appelés à trouver les moyens de développer et d'appliquer le principe, et, par cela même, ils ont le droit de prévenir ou de corriger les inconvénients que son application trop absolue pourrait entraîner.

Les abus et les excès ne se produisent pas immédiatement. Longtemps les anciennes mœurs persistent plus fortes que les lois nouvelles, et le père de famille n'use de la liberté qui lui est donnée que pour faire passer volontairement ses biens à ceux que la loi aurait désignés, s'il eût gardé le silence.

Les biens se maintenaient ainsi dans les familles, et l'équilibre n'était pas rompu dans la cité.

Mais quand la soumission de l'Italie et la conquête de la Grèce eurent fait entrer dans Rome des éléments nouveaux, quand les triomphes des légions eurent solidement fondé la gloire et la puissance de l'État, et que cette république, hier encore si faible et si peu sûre du lendemain, tint le monde sous ses pieds et vit s'ouvrir devant elle un long horizon de splendeur et de prospérité, alors les mœurs changèrent. L'ancienne discipline se relâcha, les liens de famille se détendirent, et la liberté de tester, qui, dans le principe, ne présentait aucun danger, devint une source de sérieux périls et de déplorables scandales (1).

« Græcia capta ferum victorem cepit. »

L'influence de la civilisation grecque sur la société romaine et, par contre-coup, sur la législation civile, présente un double caractère. Elle est à la fois funeste et salutaire.

Elle est funeste, parce qu'elle fait pénétrer à Rome la corruption de l'Orient, parce qu'elle anéantit l'austérité des caractères et qu'elle prépare ainsi l'abaissement et la chute de la république (2).

Elle est salutaire, parce qu'elle adoucit ce que les mœurs anciennes avaient de trop sévère et de trop roide, parce qu'elle introduit à Rome le culte des lettres, des arts, de la philosophie, et qu'elle vient ainsi donner au génie romain le complément et la perfection qui lui manquaient.

Pour les mœurs, l'influence de la Grèce fut déplorable; ce qu'elle leur communiqua de douceur ne peut se comparer à ce qu'elle leur enleva de virilité. Pour

---

(1) Macé, *Lois agraires*, p. 555.
(2) Prévost-Paradol, *Histoire universelle*, t. I, p. 320.

les lois, elle fut féconde, car elle fit prévaloir ces principes de sérieuse logique, de sage philosophie, d'humanité pratique, dont la marque se manifeste à chaque ligne, dans la jurisprudence, dans la législation prétorienne, dans les constitutions impériales (1).

La loi des Douze Tables avait créé un droit spécial, sévère, inflexible, admirablement approprié à la rudesse des mœurs et du caractère des premiers Romains; mais qui devait nécessairement s'élargir, s'adoucir, se modifier sous l'influence des idées nouvelles et sous la pression de l'opinion publique.

Les magistrats et les préteurs étaient les interprètes naturels de cette opinion.

Privés du droit de toucher aux principes fondamentaux, au texte primitif de la loi, ils pouvaient, par l'interprétation et par l'application qu'ils en faisaient, apporter les modifications, les tempéraments qui semblaient nécessaires. Ils devaient suivre les progrès de la civilisation et céder, dans une mesure raisonnable, aux influences sérieuses et justifiées.

Le rôle du préteur surtout, avec son triple pouvoir, si important dès son origine et dans les premiers temps de la république, devait grandir encore aux époques de transformation sociale et politique, car ce magistrat se trouvait appelé à cimenter l'union des anciens principes avec les idées nouvelles et il devait s'efforcer de l'établir sur des bases assez solides et assez larges pour qu'elle persistât et devînt définitive (2).

Ainsi, à côté des lois anciennes se développent peu à peu, et parallèlement, comme deux grands rameaux

(1) Bonjean, *Des actions*, t. I, p. 84.

(2) Cicéron, *Deuxième action contre Verrès*, 42. — *Ep. ad. Atticum* VI, 1. — Inst., III, 10, 20. — Gaius. — Laferrière, p. 252.

d'une souche commune, la jurisprudence et le droit prétorien (1). C'est là, c'est dans les décisions des jurisconsultes, c'est dans les édits des préteurs, que l'on peut suivre, pas à pas, heure par heure, la trace des principes philosophiques qui doivent insensiblement transformer et compléter le droit ancien (2).

Ce travail continuel d'amendement et d'amélioration atteint successivement toutes les branches du droit civil. Ce sont d'abord des décisions spéciales rendues sur des espèces particulières; ces décisions deviennent des précédents, et, de ces précédents, sort une tradition qui s'affirme et forme bientôt un corps de doctrine.

Sous la loi des Douze Tables, le chef de famille avait la liberté de disposer de ses biens. Il ne devait compte à personne de ses préférences ou de ses exclusions.

www.ingramcontent.com/pod-product-compliance
Ingram Content Group UK Ltd.
Pitfield, Milton Keynes, MK11 3LW, UK
UKHW022125190726
13855UKWH00003B/1040

9 782013 082778